ΣBEST シグマベスト

中学国語

文章問題

実力アップ問題集

新国語研究会 編著

EXERCISE BOOK | JAPANESE

文英堂

この本の特長

実力アップが実感できる問題集です。

1 初めの「重要ポイント／重要ポイント確認問題」で，定期テストの要点が一目でわかる！

2 「3つのステップにわかれた練習問題」を順に解くだけの段階学習で，確実にレベルアップ！

3 苦手を克服できる別冊「解答と解説」。問題を解くためのポイントを掲載した，わかりやすい解説！

入試問題で，実戦力を鍛える！

模擬テスト

実際の高校入試過去問にチャレンジしましょう。

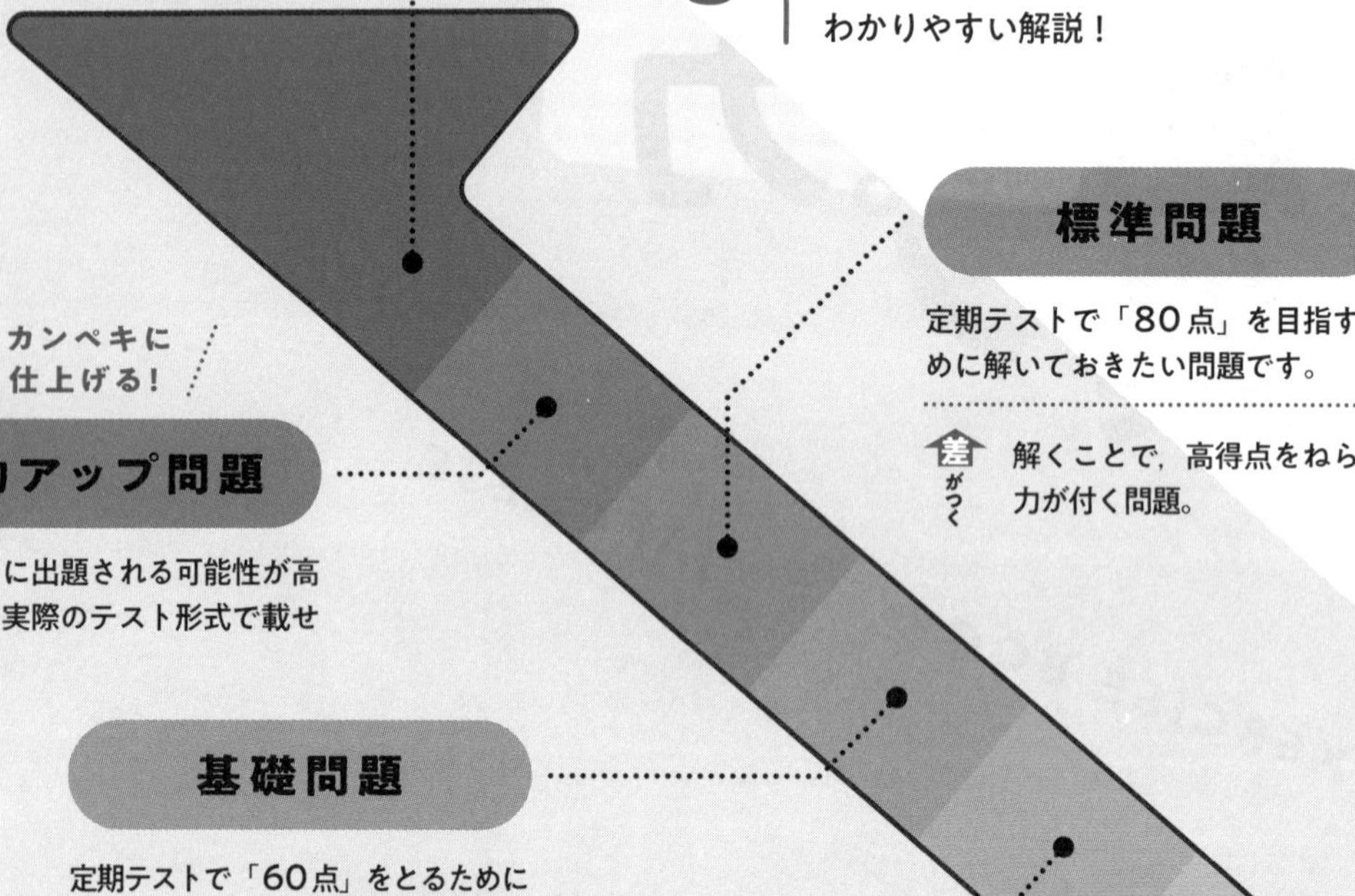

カンペキに仕上げる！

実力アップ問題

定期テストに出題される可能性が高い問題を，実際のテスト形式で載せています。

標準問題

定期テストで「80点」を目指すために解いておきたい問題です。

差がつく　解くことで，高得点をねらう力が付く問題。

基礎問題

定期テストで「60点」をとるために解いておきたい，基本的な問題です。

重要　みんながほとんど正解する，落とすことのできない問題。

ミス注意　よく出題される，みんなが間違えやすい問題。

基本事項を確実におさえる！

重要ポイント／重要ポイント確認問題

重要ポイント　各単元の重要事項を２ページに整理しています。定期テスト直前のチェックにも最適です。

重要ポイント確認問題　重要ポイントの内容を覚えられたか，チェックしましょう。

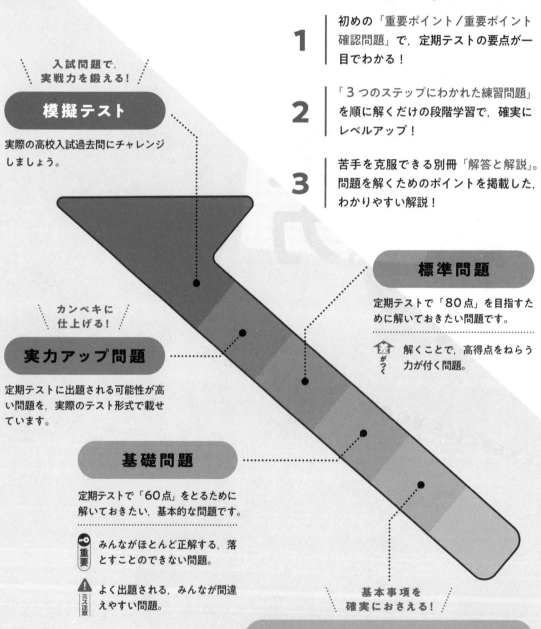

もくじ

1章 現代の散文

2章 現代の韻文

もくじ

3章 古典

1章

現代の散文

決まった型やリズムのない、

普通《ふつう》の文章を「散文《さんぶん》」という。

１章では、現代の論理的散文

（説明・評論・報告など）や

文学的散文（小説・随筆《ずいひつ》など）の

読み方を学習していく。

❶文章の構成

重要ポイント

①段落

□ **小段落**（形式段落）…始まりを一字下げて表記し、改行によって切れ目を示すまとまり。

□ **大段落**（意味段落）…内容の上でつながりが強い、一つ以上の小段落のまとまり。

②段落の役割

□ ① **初め**（**序論**）
・前置きをする。
・**話題**・**問題**の**提示**をする。
・**仮説**《かせつ》を立てる。

□ ② **中**（**本論**）
・前の内容を**発展**させる。
・前の内容をくわしく**説明**する（理由・具体例・言い換《か》え・補足など）。
・前の内容と**対立**する内容を述べる。
・前の内容とは別の内容を述べて、**並立**《へいりつ》・**比較**《ひかく》する。

テストではココがねらわれる

◉**段落相互**《そうご》**の関係**

段落と段落とをつなぐためにどんな接続語を用いるかは、段落どうしの関係のしかたによって決まってくる。

接続語に注目すれば、前後の段落の関係がわかる。

① **順接**《じゅんせつ》…前の段落に順当につながる内容を、後の段落が述べる（「原因・理由→結果」となる関係）。
例 だから　それで　そこで　ゆえに

② **逆接**《ぎゃくせつ》…前の段落と対立する内容を、後の段落が述べる。
例 しかし　だが　ところが　けれども

③ **累加**《るいか》・**並立**《へいりつ》…前の段落に付け加えたり並べたりする内容を、後の段落が述べる。
例 さらに　しかも　なお　また

④ **対比**・**選択**《せんたく》…前の段落の内容と後の段落の内容を比べたり、どちらかを選ばせたりする。
例 または　あるいは　それとも

⑤ **説明**・**補足**…前の段落について、後の段落でくわしく説明したり、補ったりする。

・新しい話題を述べる。

□③ **終わり(結論)**

・文章全体のまとめをする。

・主張を述べる。

③構成

□① **序論・本論・結論から成る型**(下段のような型がある)

(1) **序論**…文章の導入となる部分。その文章で扱《あつか》う問題を示す。

(2) **本論**…文章の中心となる部分。例や理由を述べて説明する。

(3) **結論**…文章のまとめとなる部分。意見の中心を述べてまとめる。

□② **起《き》・承《しょう》・転《てん》・結《けつ》の四段落**

(1) **起**…文章を書き起こす。

(2) **承**…「起」を承《う》けて、内容を展開する。

(3) **転**…話題を一転させ、別の観点から述べる。

(4) **結**…全体をまとめて結ぶ。

④読解の手順

□① **小段落の内容を読み取る。**

中心部分にまとをしぼって、要点をおさえる。

□② **小段落を大段落にまとめる。**

□③ **文章構成を捉《とら》える。**

大段落の役割を考え、論の展開をつかむ。

例 なぜなら　たとえば　すなわち

(「それは~だからだ」「つまり~なのだ」という形もよく使われる。)

⑥ **転換《てんかん》**…前の段落とは異なる話題を、後の段落で述べる。

例 さて　では　ところで

◉ **文章の構成の型**(❶❷…は段落の順番を示す。)

① **頭括型《とうかつがた》**…初めの段落にまとめが示され、それについての説明が後の段落で述べられる。

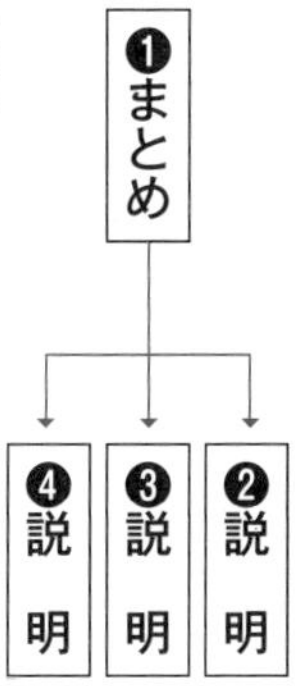

② **尾括型《びかつがた》**…終わりの段落にまとめが示され、そこにいたるまでの説明がそれ以前の段落で述べられる。

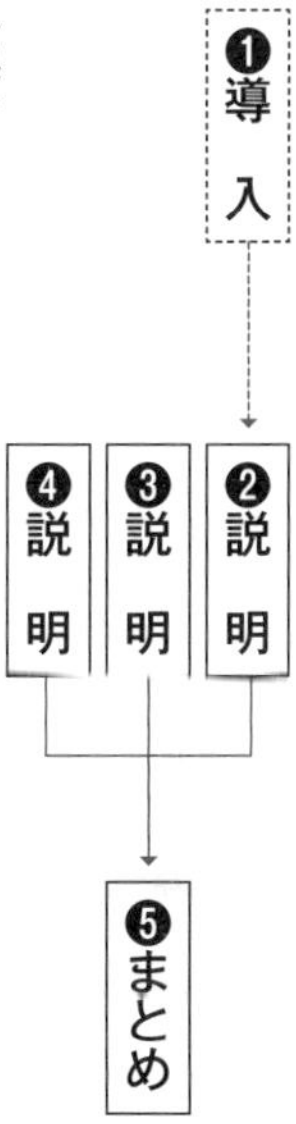

③ **双括型《そうかつがた》**…初めと終わりの段落にまとめが示され、中間の段落で説明が述べられる。頭括型と尾括型の合わさった型。

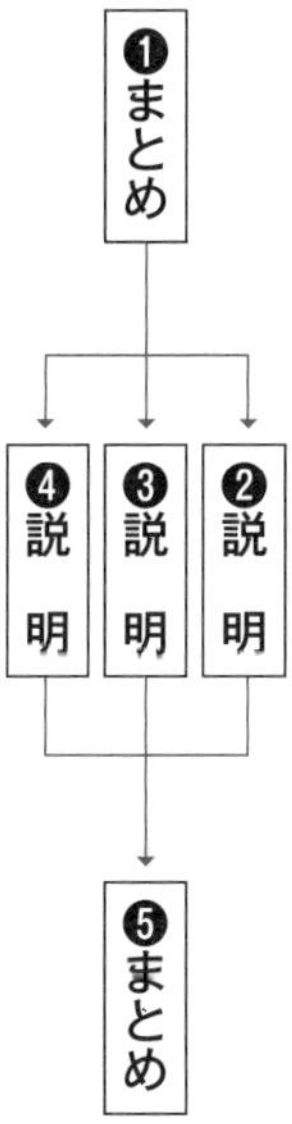

重要ポイント確認問題

1 段落の役割

□次の文章を読んで、あとの問いに答えなさい。

[1] 自分ではAだと思っていたものが、人からBともいえると指摘され、なるほどそうもいえると教えられた経験は多いことだろう。

[2] 上の図は「ルビンのつぼ」と題されたものである。よく見ると、この図から二種類の絵を見てとることができるはずだ。白い部分を中心に見ると、優勝カップのような形をしたつぼがくっきりと浮かび上がる。このとき、黒い部分はバックにすぎない。今度は逆に、黒い部分に注目してみる。すると、向き合っている二人の顔の影絵が見えてきて、白い部分はバックになってしまう。

[3] この図の場合、つぼを中心に見ているときは、見えているはずの二人の顔が見えなくなり、二人の顔を中心に見ると、一瞬のうちに、目からつぼの絵が消え去ってしまう。

[4] このようなことは、日常生活の中でもよく経験する。今、公園の池に架《か》かっている橋の辺りに目を向けているとしよう。すると、橋の向こうから一人の少女がやって来る。目はその少女に引きつけられる。このとき、橋や池など周辺のものはすべて、単なる背景になってしまう。カメラでいえば、あっという間に、ピントが少女に合わせられてしまうのである。ところが逆に、その橋の形が珍《めずら》しく、それに注目しているときは、その上を通る人などは背景になってしまう。

[5] 見るという働きには、思いがけない一面がある。一瞬のうちに、中心に見るも

解説

問一 [1]は、筆者がこれから何について述べようとしているのかを述べている。これは話題の提示である。この文章では物の見方が話題になっている。[2]から[7]までは例を多く用いて物の見方は一つではないことを説明している。[8]ではこれまでの説明をもとに、筆者が「ちょっと立ち止まって、ほかの見方を試してみてはどうだろうか」という提案をしている。

問二 本論は例を多く用いて説明されている。例は三種類挙げられている。一つめは「ルビンのつぼ」、二つめは「橋と通行人」、三つめは「女の人の絵」である。本論の中で[5]だけが例示ではない。

問三 [5]は「ルビンのつぼ」([2]・[3])と「橋と通行人」([4])の二つの例をもとにして、見るという働きの一面について考察している。

のを決めたり、それを変えたりすることができるのである。

6 上の図の場合はどうであろうか。ちょっとすまして図の奥の方を向いた若い女性の絵と見る人もいれば、毛皮のコートにあごをうずめたおばあさんの絵と見る人もいるだろう。あるいは、ほかの絵と見る人もいるかもしれない。

7 だれでも、ひと目見て即座《そくざ》に、何かの絵と見ているはずだが、そうすると、別の絵と見ることは難しい。若い女性の絵だと思った人には、おばあさんの絵は簡単には見えてこない。おばあさんの絵と見るためには、とりあえず、今見えている若い女性の絵を意識して捨て去らなければならない。

8 わたしたちは、ひと目見たときの印象にしばられ、一面のみをとらえて、その物のすべてを知ったように思いがちである。しかし、一つの図でも風景でも、見方によって見えてくるものが違う。そこで、物を見るときには、ちょっと立ち止まって、ほかの見方を試してみてはどうだろうか。中心に見るものを変えたり、見るときの距離《きょり》を変えたりすれば、その物の他の面に気づき、新しい発見の驚《おどろ》きや喜びを味わうことができるだろう。

（桑原茂夫《くわばらしげお》『ちょっと立ち止まって』より。本文を一部省略したところがある）

問一 右の文章は1～8の小段落で構成されている。この八つの段落を序論・本論・結論の三つに分け、番号で答えなさい。

序論（　　）　**本論**（　　）　**結論**（　　）

問二 1～8の小段落のうち、その内容が例示にあたるものをすべて挙げ、番号で答えなさい。

（　　）

問三 5段落の役割の説明として最も適当なものを、次の**ア**～**エ**から選びなさい。

ア 話題の転換　**イ** 意見の修正

ウ 例示の追加　**エ** 考察の提示

（　　）

答

問一 **序論** 1
本論 2、3、4、5、6、7
結論 8

問二 2、3、4、6、7

問三 エ

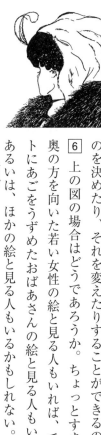

1 〈段落に分けて文章の構成を理解する〉

次の文章を読んで、あとの問いに答えなさい。

1 人間って全くもってすばらしい生き物だ！

と、つくづく思ったのは、南米ペルーのナスカ高原にある、例の有名な巨大《きょだい》地上絵を、まのあたりに見たときだった。

2 今から三千年前のプレ-インカ時代に、ナスカ高原に何者かが大きな絵をいくつも描《えが》いた。クモとか鳥とかサルとか魚とかの、これらの絵は、大きさ数百メートルから数キロに及《およ》び、観察者は誰《だれ》しも超《ちょう》古代の謎《なぞ》にぶつかってショックを受ける、ということはご承知のとおりである。

3 ぼくも、セスナ機の上から、そこを見下ろして、さらに打ちのめされた。地上絵よりも、もっと目をみはるものを見たからである。

4 巨大な地上絵ならイギリスとかアメリカにもある。しかし、ぼくが驚《おどろ》いたのは、そんな絵の何百倍、何千倍もの数の地上に引かれた幾何学《きかがく》的な線条だったのだ。

5 まさに巨人が定規を使って、落書きしたような線だった。むぞうさで乱雑で、古いものは消えかかっていた。だが、太いものはまさに空港の滑走路《かっそうろ》のごとく、長いものは山を二つも三つも越《こ》えてさらに延びていた。どんな道具を使って、どんな方法でやれば、あんなばかでっかい直線が引けるのか。なんのためにかいたのか。とにかく、あの技術は……三千年昔と現代とどのくらいのレベルの差があるというのだろうか。人間は……最初から偉大《いだい》で驚異《きょうい》的な賢《かしこ》さをもっていたのだ。

6 しかし、人間は、一方で、限りなく愚《おろ》かしく悲しむべき存在なのだ……としみじみ思ったのは、イースター島という絶海の孤島《ことう》へ行ったときのことである。

7 この島は、日本から世界中でいちばん遠くにある、つまり地球の真裏に当たる島で、千体もの石の巨人像がにょきにょき立っている。これをつくったのは、この島へ漂着《ひょうちゃく》して住みついたポリネシア人だといわれている。

8 島は火山岩だらけで作物もろくにできない。獣《けもの》もいないから猟《りょう》もできない。僅《わず》かな魚と鳥。しかもこの島は、海流のぐあいで、一種のブラックホールになっていて、島からは小舟《こぶね》では外へ抜《ぬ》け出せないのである。

9 そして何百年かの間に島民は、食糧《しょくりょう》不足と、その結果としての殺し合い、そのうえ、疫病《えきびょう》まではやって、大部分が死んでしまったのだ。

10 ぼくは石像の立つ丘《おか》に座《すわ》り込《こ》んで島の両側の海を眺《なが》め、動くものもない寂寞《せきばく》としたたたずまいの中で、ふと、地球の未来を感じた。

11 もしかして、この島は地球と人間の未来の姿のパロディじゃないかな、と思った。

12 この狭《せま》い地球の上に増え続ける人間。自然破壊《はかい》と食糧危機、そして殺戮《さつりく》——自滅《じめつ》にいたる人類史を、暗示しているんじゃないか、と思い、深く、無常を覚えた。

▼答え 別冊p.2

13 話は変わるが、三、四年前にNASAの宇宙飛行士のAさんから話を聞く機会があった。Aさんが地球を眺《なが》めた感想はこうだった。

14 ――まるで見えない糸でつられたガラス玉のようでした。もろくて、すぐ壊《こわ》れそうな気がしました。

15 この印象はひどくぼくの胸を打った。そう、地球はもろいのだ。すぐにでも死滅してしまうちっぽけな星くずなのだ。

16 だがその上に膨大《ぼうだい》な大気と水と、何十億もの人間と、その何億倍かの生物がしがみついて住んでいるのだ。

17 この感慨《かんがい》は、口で言うのはたやすいが、地上の人間には実感がわくまい。地球を外から眺めた人間だけが抱《いだ》くことのできるものだろう。だが、そうはいっていられない。

18 人間は、A果てしなく賢明《けんめい》で、B底知れず愚かだ。Cこの壊れやすい地球に対してどう対処するかは、ここ百年ぐらいで選択《せんたく》が決まる……でもこれは、やり直しのきかない、一度限りの選択になるだろう。

（手塚治虫《てづかおさむ》『この小さな地球の上で』より）

問一 次の⑴～⑶の事柄を述べるために使われている材料は何か。最も適当なものを、あとの**ア**～**エ**から選びなさい。

⑴「人間はすばらしい」〔　〕

⑵「人間は愚かで悲しい」〔　〕

⑶「地球はもろい」〔　〕

ア イースター島での思い

イ 食糧不足に始まる悲劇への思い

ウ ナスカ高原での思い

エ Aさんの感想からの思い

問二 この文章を四つの大段落に分けることにする。このとき、大段落の切れ目はそれぞれどの小段落とどの小段落の間か。小段落の番号で答えなさい。重要

第一大段落と第二大段落の切れ目……〔　〕と〔　〕の間

第二大段落と第三大段落の切れ目……〔　〕と〔　〕の間

第三大段落と第四大段落の切れ目……〔　〕と〔　〕の間

問三 次に挙げる段落の役割の説明は、文中のどの小段落について述べたものか。小段落の番号で答えなさい。

ア 前の段落の言葉に共鳴し、筆者もその人と同じ考えを示している。

イ 前の段落の内容に同感しながらも、別の視点からの驚《おどろ》きを示している。

ウ ここまで述べてきたことを踏まえて、筆者の考えを結論的に示している。

エ ここまで述べてきたこととは別の方向に話を転じようとしている。

ア〔　〕 **イ**〔　〕 **ウ**〔　〕 **エ**〔　〕

問四 ――線**A**・**B**・**C**は、それぞれどの小段落を受けているか。あてはまる小段落をすべて番号で答えなさい。ミス注意

A〔　〕

B〔　〕

C〔　〕

▼答え 別冊 p.3

1 〈段落に分けて文章の構成を理解する〉

次の文章を読んで、あとの問いに答えなさい。

花、といえば、桜だろうか。

中学に入学して初めての理科の授業に、桜の花を使った。

理科教室の机の上に、いくつもの、桜の花が置いてあるのだった。人体標本やらえたいの知れないもののホルマリン漬《づ》けやら茶色の薬《くすり》瓶《びん》やらふくろうの剝製《はくせい》やらが雑然とある理科教室の、古びた大きい六人掛《が》けの机のまん中に、十も二十も桜の花があった。ほの暗い理科教室で、桜が置いてあるところだけが明るんでいるようだった。

二時間続きのその授業で、わたしたちは桜の花の観察を行った。花びらを一枚一枚そっとはずし、おしべとめしべを写生する。おしべの数を数える。めしべを縦切りにして断面図を描《えが》く。「正確に、ていねいに、描きましょう。」先生は、教室を回りながら言った。

なにか、無残な感じがした。小学校の時に行った鮒《ふな》の解剖《かいぼう》もこわかったが、桜の花の解剖も、同じくらいこわかった。薄《うす》い花びらをはがす時、桜が「きゅ」というような声をあげるように思えた。校庭にも、桜は多く散っている。土の上に落ちた花びらは、どんなふうに踏《ふ》んでも平気なのに、理科教室の机の上にある、花のかたちを保ったままの桜は、触《ふ》れてはならないもののように感じられた。「きゅ」「きゅ」という桜の声を聞きながら、八つ切りのケント紙に、2Hの固い鉛筆《えんぴつ》で、こわごわ桜の花の部分をかき写した。

先生はよほど桜の花が好きだったのか、それとも季節ものだからなのか、さらに桜のことは続いた。家の近くの桜の木から二十個以上の桜の花を取ってきて、おしべの数を数えグラフに表すこと。そんな宿題が出たのだ。

日曜日の昼間、近所の養老院にある桜並木まで、わたしは一人歩いていった。咲《さ》き満ちて垂れている枝から、何個もの花をちぎり取った。理科教室の暗い机の上に置いてあったときほど、ちぎり取られた桜はこわくはなかった。何個も取っているうちに、だんだん愉快《ゆかい》になってきた。取った花を、山のように積み上げた。地面にぺたりと座《すわ》りこんで、春のうらうらとした日ざしの中で、ゆっくりとおしべを数えた。おしべの数は、花によってまちまちである。持ってきたノートのきれはしに「12」「15」などと記入してゆく。ときどき風が起こって、紙が飛ばされた。いちいち追いかけて走る。

何回めかに紙が飛んだ時に、後ろから声をかけられた。

「その花、どうするんですかね。」

振《ふ》り向くと、小柄《こがら》なおばあさんが立っていた。真っ白な髪《かみ》をおだんごにまとめ、着物の首にスカーフを巻いている。

「あの、理科の宿題で。」おそるおそるわたしは答えた。ここの花を取ってはいけませんよ。そう怒《おこ》られるのかと思ったのだ。

「持って帰るんですかい。」おばあさんはしかし、怒る様子でもなく、静かにたずねた。

「いえ。」うつむいたまま、わたしは答えた。風が、少し強くなっていた。前髪が吹《ふ》かれ、額《ひたい》がむき出しになって、心細かった。

「それじゃ、その花、わたしにくださいな。」おばあさんはさらに静かに言った。

うつむいたまま、わたしはうなずいた。なんだかわからないが、こわかった。怒られているのではないのだが、こわかった。理科教室で感じたこわさと同じこわさだった。おばあさんは優《やさ》しげな様子なのに。おばあさんは腰《こし》に下げた布の袋《ふくろ》の中から、ていねいにたたんだビニール袋を取り出した。小さな手で山に積み上げた桜の花をすくい、袋に入れる。桜の山は見るまに減り、反対に袋はふくらんでいった。透明《とうめい》だった袋が、うすももいろに色づいてゆく。全部の桜を袋にしまうと、おばあさんは腰《こし》を上げ、袋の口をしっかりとしばった。

「ありがとうございました。」おばあさんの髪のおだんごが、風に吹かれて少し揺《ゆ》れた。

「あの、桜、どうするんですか。」わたしはきいた。［ A ］が、どうしてもききたかった。

「持って帰ってね、水にうかべますよ。」おばあさんは表情のないまま、答えた。

「水？」

「まだ生きてますからね。花の［ B ］をもった桜は。」

風がびゅうと吹いて、花びらを散らせた。おばあさんのおだんごにもわたしの髪にも、たくさんの花びらが散りかかる。

おばあさんが、花でいっぱいになって表面のくもったビニール袋をていねいに開いて、水の満たされた器《うつわ》に桜をあけることを想像すると、足もとが崩《くず》れてゆくような感じがした。と同時に、とてつもなく気持ちよかった。水にうかぶ、少し傷ついたいくつもの花を、うっとりと思いうかべていた。

風が、いくらでも桜の花びらを散らせる。

桜は今年も、薄く濃く咲きめぐってくることだろう。

（川上弘美《かわかみひろみ》『あるようなないような』より）

問一 この文章は筆者の回想が主になっている。回想部分を三つの大段落に分け、それぞれの初めの五字をぬき出しなさい。重要

(1) 一つ目の大段落

(2) 二つ目の大段落

(3) 三つ目の大段落

問二 筆者の現在と回想をつなげている小段落をさがし、初めの五字をぬき出しなさい。

問三 ［　］A・Bに入る言葉をそれぞれ文中からぬき出しなさい。ただし、Aは五字、Bは三字とします。差がつく

A

B

2 〈段落に分けて文章の構成を理解する〉

次の文章を読んで、あとの問いに答えなさい。

1 文化におけるコミュニケーションについては、イギリスの社会人類学者エドマンド・リーチにならって私は大体三つのレベルがあると考えています。

2 ひとつは「自然」のレベルです。人間は物が飛んでくれれば本能的によけるし、寒くなれば衣服を着る、おなかがすけばご飯を食べる。そういうごく自然とよべる状態は、どんな文化を通しても変わらないだろうということです。私たちが世界のどこへ行ってもなんとなく生活できるのは、絶対的な人間の条件はどこへ行っても似ているからです。

3 どんな異なった文化を持った人々の間でも、ある程度共生ができて、ある程度意思が通じるというのは、人間としての共通の属性を持っているからだということがいえます。

4 ごく自然的なこととして互《たが》いに人間ならばわかりあえるような、誰《だれ》でもだいたい理解できる形でのこうしたコミュニケーションの段階を「信号的なレベル」とリーチは言っています。

5 そして異文化理解の二つ目の段階は「社会的」レベルです。社会的な習慣とか取り決めを知らないと文化を異にする相手も異社会も理解できないということです。

6 交通信号の表示の仕方を知らなかったら事故を起してしまうし、車を運転するアメリカ帰りの日本人がよくやってしまうのですが、いつのまにか車道を反対に走ってしまいます。右ハンドル、左ハンドルの違《ちが》いという訳ですが、アメリカやヨーロッパ大陸は左ハンドル、日本やイギリスなどは右ハンドルです。また服装では、いまや洋装を当たり前とする日本人男性にとっていまだにタキシードを着るのは不得手で、普通は持っていない人も多いし、日本国内ではめったに着ることもありません。結婚式のときに着るくらいのものです。ところが、アメリカやヨーロッパ社会に行けば、週末にはタキシードが必要なパーティがあります。礼服の着用だけでなく服装については西欧《せいおう》の社会的な習慣や常識を知らないと間違うことがたくさんあります。

7 [A] こうしたことは、例外はあるとしても人間が普通《ふつう》に育ってきて得られる常識のレベルで消化できる理解だと思うのです。どの社会に行っても、一つの社会で培《つちか》った常識的なことが取得できれば、インドに行こうがアメリカに行こうがある程度は間違いなくやっていける。わからないことでもそこの人に教えてもらってそこの習慣あるいは、社会的な規則を学習すればできるわけです。これをリーチは「記号的なレベル」というわけです。

8 このように、①「自然的な」ことや②「社会的な」レベルのことは、普通に育った人間ならだいたい対処できることですが、三つ目のレベル、これは「象徴《しょうちょう》」というレベルですが、これがまさに文化的な中心部のことで、外部の者にとってはきわめて理解するのが困難な世界なのです。

9 [B]、その社会なら社会特有の価値なり、行動様式なり、習慣なり、あるいは信仰があります。信仰となると、たとえばキリスト教を信じている人には十字架《じゅうじか》は意味を持ちますが、信じていない人間にとっては何の意味も持ちません。社会のレベルまでは交通信号のようなものですから、その社会で生活する誰にとっても意味を持つことが多いわけですが、③象徴のレベルになると、その価値とか意味を共有している人間しかわからないということになります。日本の文化でも、外国人にとってわかりにくいのはだいたいこの部分です。

（青木保《あおききたもつ》『異文化理解』より。本文を一部省略したところがある）

問一 □A・Bにあてはまるものとして最も適当なものを、それぞれ次の**ア**〜**エ**から選びなさい。

ア このように　**イ** ただし　**ウ** けれども　**エ** すなわち

A
B

問二 次の一文は、ある段落の最後の一文である。どの段落に入るか。段落の番号で答えなさい。差がつく

「これはあいさつの仕方や食事のマナーについても言えることでしょう。」

問三 ——線①とあるが、文化が違う国の人同士でも、だいたい分かり合えるのは、私たちに何が備わっているからか。最も適当な言葉を、——線より前の段落の中から十字以上十五字以内でぬき出しなさい。

問四 ——線②とあるが、社会的なレベルの異文化理解には、どうすることが必要か。——線より前の段落の言葉を使って、解答欄《らん》の形に合うように十字以上十五字以内で答えなさい。

こと。

問五 ——線③の例として最も適当なものを、次の**ア**〜**エ**から選びなさい。

ア 国旗がその国を表すこと。
イ 日本では家に入るときは靴《くつ》を脱ぐこと。
ウ 赤信号で自動車が停止するのは国際的なルールだということ。
エ ガスの火を素手で触《さわ》るのは危険であるということ。

問六 本文を、内容のまとまりから四つに分ける。その分け方として最も適当なものを、次の**ア**〜**エ**から選びなさい。重要

ア 1／2 3 4／5 6／7 8 9
イ 1／2 3 4／5 6 7／8 9
ウ 1 2 3 4／5 6／7 8／9
エ 1 2 3 4／5 6／7／8 9

②文章の要旨

重要ポイント

①要旨《ようし》

□文章の中心的な内容・思想で、筆者が文章を通して述べようとすることの中心を**要旨**という。要旨は、文章を作る内容の中で、最も大切なものである。

②要旨と構成の関係

□文章の要旨と構成には、密接な関係がある。それは、筆者がどのように論理を展開させながら要旨を述べていくかによって、文章の構成が決まるからである。

③読解の手順

□①**文章構成を捉《とら》える。**
一つ一つの小段落の要点を読み取り、大段落を作って、文章構成を捉える。

□②**論理の展開を捉える。**
各段落がどのような役割を持ち、どのように関係しあうのかを考え、論理の展開を明らかにする。

テストではココがねらわれる

◉**要旨《ようし》と構成の関係**

要旨を文章のどこで述べるかによって、構成の型を分類すると、大きく次のようになる。

①**統括《とうかつ》する型(まとめの段落がある)**
・**頭括型《とうかつがた》**…文章の初めで、全体の要旨を前置きとして述べる。
・**尾括型《びかつがた》**…文章の終わりで、全体の要旨をしめくくりとして述べる。
・**双括型《そうかつがた》**…文章の初めと終わりで、要旨を述べる。

②**統括しない型(まとめの段落が特にない)**
それぞれの段落が連なりあって、要旨が全体に展開する。

◉**事実と意見**

筆者が自分の意見を述べるときには、具体的な例や身近な見聞などの事実を文中におりまぜていく。それは、読者の理解を助けたり、自分の意見に説得力を持たせたりするためである。したがって、文章を読むときには、

□③ **論理の中心となる段落を捉える。**
筆者の意見や文章全体の結論を述べている段落を見つける。

□④ **要旨を捉える。**
要旨は、おもに、**論理の中心となる段落**から導き出すことができる。中心段落の要点を簡潔にまとめて要旨とする。中心段落にある**中心的な一文**（**中心文**）が、要旨を端的《たんてき》に述べていることも多い。

□⑤ **キーワードに注意する。**
繰《く》り返し出てくる言葉や、筆者が重要な意味を持たせている言葉が**キーワード**である。

□⑥ **題名に注意する。**
文章の**題名**（表題）は、要旨と深くかかわることが多い。

④大意

□文章のだいたいのあらましをまとめたものを**大意**《たいい》という。次のような手順で捉える。
① **各段落の要点をまとめる。**
② **段落どうしの関係に注意しながら、各段落の要点をつなぎ合わせて、大意とする。**

事実が書かれている部分か、筆者の意見が書かれている部分かを読み分けなければならない。そして、**筆者が意見を述べている部分をおさえて、要旨を捉**《とら》**えていく**必要がある。

一方、**筆者が何を述べるために、具体例などの事実を取り上げたのか**を考えることも、読みを深めるためには大切なことである。

◉ **意見を述べる文末表現**
主張・判断・提案・推測など、筆者が意見を述べる場合は、文末が次のようになることが多いので、**文末の表現に注目するとよい。**

- ・～（と）思う。
- ・～（と）考える。
- ・～（と）言える。
- ・～だ。
- ・～である。
- ・～だろう。
- ・～であろう。
- ・～ではないだろうか。

1 要旨《ようし》を捉《とら》える

□次の文章を読んで、あとの問いに答えなさい。

① 最近よく耳にする言葉が、「共進化」である。異なる生物が、ともに関係ある形で進化し、お互《たが》いが切っても切れない関係になることである。

② たとえばランの一種は、あるハチドリだけに花の蜜《みつ》を吸わせる。ハチドリはこの花の蜜を吸えるように嘴《くちばし》の形を変えた。ランは、この鳥の嘴でないと蜜のあるところまで届かないように花弁を変容させた。言い換《か》えるとハチドリは蜜を独占できる。ハチドリは同じ種類のランだけ訪問するから、ランの受粉の確率は、格段に高まった。これは、どちらかが先に進化して片方がそれに合わせたわけではない。示し合わせたように同時期に嘴と花弁の形を変え、双方《そうほう》が利益を得るようにしたのだ。

③ 別の種、それも植物と鳥が、まるで相談し合ったようにお互いの姿を変えるとは、どんな自然界の意志があったのだろうか。この共進化の事実こそ、私は自然界の偉大なる妙味《みょうみ》だと思っている。

④ 自然界と人間は、まさに共進化を遂《と》げてきたのではなかろうか。自然は人に与えるばかりではなく、人間の活動の影響を受けて変わってきた。人も自然の変化に合わせて自らの生活を変えてきた。だから人は自然に合わせて生活を変える一方で、自然も人に合わせる面があってもよいと思えるのだ。花咲《さ》く春と、紅葉の秋を守るために人が自然に手を加えることを□気になれない。

⑤ 自然と人の関わりを考察しているうちに、「自然とはシステム」だと考えること

解説

問一 内容理解の問題である。筆者は「自然界と人間は、まさに共進化を遂げてきた」もので「持ちつ持たれつ」の関係だと考えている。つまり、人間が自然に手を加えることは、必ずしもいけないこととは考えていないのである。

問二 「キーワードに注目する」「中心文をとらえる」の二つのポイントをおさえた問題である。読みながら、説明の部分なのか、筆者の考えを述べた部分なのかを意識しながら読んでみよう。

A キーワードは、繰《く》り返し出てくる言葉や、筆者が重要な意味を持たせている言葉のことである。①～④の段落のキーワードが「共進化」であることに気づいただろうか。繰り返し使われていることもあるが、冒頭《ぼうとう》の文で「共進化」という言葉を用いて、話題が「共進化」であることを示している。また、文末表現が「～ではなかろうか」となっている点からも判断できる。

B 「人(人間)と自然」が話題になっていることに、まず注目する。「人と自然」のかか

はできないか、と思いついた。自然を定まった存在としてではなく、常にいくつもの条件が絡《から》み合い変化するシステムとして見るのだ。

⑥そこでは自然と人間社会を厳密に線引きするのではなく、自然が成立する一要素として人間の活動も含まれる。たとえば降水の量や年間を通した気温の変化は、自然界を作り上げるのに重要な役割を果たしている。同じく人間の活動も、自然の成立に大きな影響《えいきょう》を与えていることを認めてしまおう。人と自然を対立させることなく、人間の活動も自然の一部として見れば、人の暮らしそのものが生態系を作り出す要素だと見ることもできる。

⑦人と自然は持ちつ持たれつである。どちらが優位に立っているとも言えない。

⑧ただ気をつけないといけないのは、現在の生態系は、光、水、気温など実に様々な要素が極めて複雑に作用することで、形作られている。そこには人の知恵では予想もしないつながりが、まだ隠れているかもしれない。

⑨それだけに人間の行動には慎重《しんちょう》さが要求される。人の活動も自然の一部なら、自然をコントロールすることもできるといった思い上がった意識を持つのは危険だろう。人の都合にいいようにとか、環境によかれと思って行った行為にもかかわらず、逆の結果を引き起こすことも少なくない。

（田中淳夫《たなかあつお》『森林からのニッポン再生』より）

問一 □に入る言葉として最も適当なものを、次の**ア**〜**エ**から選びなさい。

ア 肯定《こうてい》する　**イ** 非難する　**ウ** 率先する　**エ** 許容《きょよう》する

問二 次の範囲で筆者の主張が表れた一文をぬき出し、初めの五字で答えなさい。

A ①〜④の段落まで。（句読点を含め三十字程度。）

B ①〜⑨本文全体で。（句読点を含め五十字程度。）

A

B

わりに対する筆者の主張が、この文章の中心になる。文末が「〜だろう」となっている点もヒントになる。

答

問一 イ

問二 **A** 自然界と人　**B** 人の活動も

1 〈要旨《ようし》を捉《とら》える〉

次の文章を読んで、あとの問いに答えなさい。

友人と語り合っていて、「あれ？　理屈《りくつ》が逆転している。」とか、「どうも言うことが矛盾《むじゅん》している。」と思うことがよくあります。論理が逆さになったり、前提と結論が食い違《ちが》ったりしているような場合です。そんなとき「パラドックス」という言葉がよく使われます。パラドックスとは、「逆らって」とか「反対の」という意味の「パラ」と、「定説」とか「真理」という意味の「ドクサ」を組み合わせた言葉で、日本語では逆理、背理、逆説などと訳されています。

パラドックスの原点は、真理や常識に反する言明、矛盾した言葉の使い方、実際にはあり得ない状況などを提示することにあります。①それによって「あれっ。」と思わせ、そこからものごとを深く考えさせるのです。考えていくうちに思いがけない発見がもたらされたり、人生を反省したりする契機となる場合があります。真とも偽とも決められない言明もあって、論理学の論争となったこともありました。パラドックスは知的ゲームとして、あるいは現実の矛盾を暴《あば》き出すものとして使われてきたのです。

古代ギリシャの哲人たちがパラドックスを投げかけて以来、パラドックスには二五〇〇年の歴史があります。パラドックスの代表とされるゼノン*の「アキレスと亀《かめ》」は、足の速いアキレスが前をノロノロと歩く亀を追い抜《ぬ》けないことになってしまうという推論で、明らかに事実に反しています。[A]、ゼノンの論法をそのまま受け取れば、この推論が正しそうに思えてしまうのです。だから、その論法のどこにおかしいところがあるかを考えねばなりません。

さらに、多くの哲学者や宗教家がレトリック*としてパラドックスを大いに活用してきました。「負けるが勝ち」や「無用の用」は、反対の意味を持つ言葉を対比させることでオヤッと思わせ、言葉の意味を深く考えるきっかけを与えてくれます。逆説的（パラドキシカル）な表現であるからこそ、[B]印象が強く、記憶に刻み込まれるものなのです。

「矛盾」という言葉は、何ものをも突《つ》き刺すことができる「矛《ほこ》」と何ものをも跳《は》ね返してしまう「盾《たて》」を売る商人が、「ではその矛でその盾を突いたらどうなるか？」と尋ねられて答えに窮《きゅう》したという故事に始まりがあります。この場合は、真とも偽とも答えを下すことができません。私たちは、そのような言明でごまかされることが多くあります。言葉の使い方に敏感《びんかん》になり、その使い方の意図を見抜くことの大事さに気づかせてくれるのもパラドックスの効用です。

現代という時代には、違った意味のパラドックスが多く生じています。こんなエピソードがあります。今から三〇年以上も前のこと、ある技術者がリチウムを使った小型で長時間保つ画期的な蓄電池を思いつきました。その技術者の意図は、リチウム蓄電池が開発できれば省資源・省エネルギーとなって電気の無駄な消費が抑えられるというものでした。首尾良く開発に成功して、これまでのロスの多

▼答え　別冊 p.4

い蓄電池に比べて格段に性能が良く、場所もとらないで重宝されるようになりました。その結果、パソコンや電気自動車などに使われ、今やリチウム蓄電池は現代の大量消費時代の花形になっています。

この技術者の本来の目的はエネルギー消費を節約することだったのですが、現実にはエネルギー消費の加速を促《うなが》すことになってしまいました。彼は、「目的と結果が逆になってしまった。」と述懐《じゅっかい》したかもしれません。

この場合は、はじめに意図したことと、もたらされた結果が全く逆になったという意味でパラドックスと言えるでしょう。これと同じで、人間の幸福を追求してさまざまな技術開発が行われてきましたが、逆にそれが大きな厄災《やくさい》を招いたことも多く起こっています。このような現代のパラドックスは、ものごとは全体を見て判断しなければならないことを強く示唆《しさ》しているようです。

このようにパラドックスはさまざまな意味に使われてきましたが、パラドックスを通じて論理や常識を疑い、新しい目で社会や人生を見直す契機とするのも現代の知恵かもしれません。

（池内了《いけうちさとる》『パラドックスの悪魔』より。本文を一部省略したところがある）

＊ゼノン＝古代ギリシャの哲人。
＊レトリック＝言葉や文章の表現効果を高めるための技術。

問一 ――線①は、どのようなことを指しているか。文中から初めと終わりの五字でぬき出しなさい。

□□□□□〜□□□□□

問二 □A・Bに入る言葉を、次のア〜カからそれぞれ選びなさい。

ア こうして　**イ** しかし　**ウ** また　**エ** ところで
オ たとえば　**カ** かえって

A［　］　B［　］

問三 次の表は、この文章を内容からⅠ〜Ⅳの四つのまとまりに分け、それぞれの要点をまとめたものである。重要

まとまり	要点
Ⅰ	逆理、背理、逆説と訳されるパラドックスは、ものごとを深く考えさせるのに役立つ。
Ⅱ	長い歴史の中で、パラドックスは大いに活用され、様々な効用をもたらしてきた。
Ⅲ	現代では、これまでと違った意味と効用を持つパラドックスが生じている。
Ⅳ	C

(1) この表のⅡにあたる段落番号をすべて漢数字で答えなさい。

［　　　　］

(2) □Cに入るⅣの要点を、四十字以内で答えなさい。

1 〈要旨《ようし》を捉《とら》える〉次の文章を読んで、あとの問いに答えなさい。

現在のように、われわれのまわりから生きている緑が消滅しようとしているとき、私たちはしみじみと切実な実感をもって思い知らされる。われわれはみじめにも、緑の植物の①寄生者でしかなかった冷厳《れいげん》な事実を。同時に地球上のすべての有機物の唯一《ゆいいつ》の生産者であり、人間が生きるために必要な酸素の②供給者である緑の植物の重要さに改めて気づく。しかも、われわれの生活域に生育している緑の植物は、単に生態系の中の③生産者として、人間や動物に有機物と酸素を供給しているだけではない。

[A] 多様な生物社会と自然環境との均衡《きんこう》の④調整者も、森林で代表される緑の植物である。局地的な気候条件から、水分収支、災害防止、動物集団の急激な過増殖《かぞうしょく》や衰亡《すいぼう》までもコントロールし、健全な人間生活が自然界の秩序《ちつじょ》のなかで存続できるように、直接、間接に支持しているのは、緑の自然、とくに多層群落の森林である。

[B]、われわれが植物保護、緑の復元あるいは自然保護を叫《さけ》ぶのを、すべて植物や自然が破壊《はかい》されてかわいそうだからと、心情的な立場からだけで、懸命《けんめい》にとなえていると思う人がいたら、その人は実におめでたい人である。実は、人間が植物や自然を保護するという言葉、感覚こそが逆である。緑の植物や自然は、どんなに人間が破壊しようと人の十世代程度の時間で必ず復元する。自然のもっとも弱くて、敏感《びんかん》な構成要員こそは人間である。また緑の植物に寄生している人間が生きるためには、好むと好まざるとにかかわらず、まわりに、じゅうぶんな緑の自然が準備されていることが不可欠の前提条件である。

緑の自然の復元も、自然の保護も、生物社会とその生存環境とのバランスがくずれると、真っ先にどんでん返しをくう地球上でもっとも弱い立場の人間が、何とか明日にむかって、生きのびてゆくための、かれら自身の切迫《せっぱく》した自衛手段のあらわれである。

植物と人間との、一見無関係にみえてもっとも密接で、複雑に関係しあっている多様な相互《そうご》関係を知ったとき、われわれは率直《そっちょく》に認識せざるを得ない。「地球上の生物社会の主役は実は緑の植物である」。「C そしてわれわれ人間は、地球という大舞台《ぶたい》の生物社会劇の最後の幕あいに、やっと間にあって出演し、主役である植物のまわりでわずかな時間と空間を与《あた》えられて、とくとくと大得意で役がら以上のコッケイな所作で、すぐ幕が下りるとも知らず踊《おど》っている一端《は》役《やく》にすぎない」ことを。

生命が地球上に発生して、三十数億年の時間が経過しているといわれている。そして生物系統樹の先端に咲《さ》いた一つの花のように、人類が誕生してから、わずか二百万年しかたっていない。長い生命の流れの頂点に、もっとも発達した生物としてこの世に生をうけたわれわれは、よりよく生きるために、日夜学習に、仕事にはげんでいる。しかし、その努力のすべてが、本当に明日にむかって、よりよく生きる基礎《きそ》となっているだろうか。もとより現在、われわれが

▼答え 別冊 p.4

どのように生きてゆこうと、人間社会は当分存続するであろう。しかし、おなじ生物集団に属する、バッタや雑草の集団にみられるように、一時的に生活環境を自分たちに適するように改変しすぎ、増殖しすぎて、かえって急速に衰亡することのないように、われわれ人間は健全で持続的な発達を期したいものである。

現在、われわれの一時的欲望を満足させるための安易な生活、便利な生活のために、すぐ明日の生存の基盤《きばん》を失うような愚《ぐ》はくりかえしたくない。今日も将来も、よりよく生きるために、われわれは人間生活、人類生存の緑の基盤だけは、どれほどの犠牲《ぎせい》を払《はら》っても、今すぐに確保しておかなければならない。

（宮脇昭《みやわきあきら》『植物と人間』より）

問一 □A・Bに入る言葉として最も適当なものを、それぞれ次の**ア**～**エ**から選びなさい。

ア さらに　**イ** または　**ウ** したがって　**エ** しかし

A	B

問二 ——線①～④はそれぞれ何を指しているか。次の**ア**～**ウ**から選び、記号で答えなさい。

ア 緑の植物　**イ** 動物　**ウ** 人間

①	②	③	④

問三 ——線Cの比喩《ひゆ》表現は、どのような事実にもとづいているか。文中の言葉を用いて五十字以内で答えなさい。差がつく

問四 この文章の要旨《ようし》として最も適当なものを、次の**ア**～**エ**から選びなさい。重要

ア 緑の植物や自然の保護は、人間の便利な生活を維持《いじ》していくために、推進していかなければならない。

イ 緑の自然は、人類の生存を支える基盤となる存在であり、私たちはその確保に努めなければならない。

ウ 自然界の主役は緑の自然であり、人間はただの端役にすぎないことを思い知らなければならない。

エ 人間は、緑の植物や自然の寄生者であることをやめ、健全で持続的な発達を期して努力しなければならない。

〈要旨を捉える〉

2 次の文章を読んで、あとの問いに答えなさい。

1 「負ける」とは何なのであろう。その意味は子供でも知っている。相手より力が劣《おと》って対等に立ち向かえないということだ。たしかに語義はそうなのであるが、しかし、日本人は「負ける」ことを、かならずしも語義どおりに受けとっていないようなのである。相手よりも劣っていて、まともに立ち向かえないということは、けっして好ましいことではない。地球上のどんな民族でも、負けることを欲するなどというそんな例はない。ところが、日本人は負けることをそれほど恐《おそ》れず、大していやがりもしなかった。「負けるが勝ち」ということわざが、何よりもその間の①消息をよく語っている。

2 負けるが勝ち——というのは、相手に勝ちを譲《ゆず》ってやることが、結局は相手に勝つことになるという意味である。②それはどんな場合か。相手と対等の立場に立たず、相手よりも優越《ゆうえつ》した次元に身をおいて、負けてやることができる、そうした場合である。もっと具体的にいうなら、「負ける」という日本語のなかには、相手に花をもたせ、自分は実を取る、そのような暗黙《あんもく》の計算がふくまれているのだ。だから、取り引きの際に値段を引くのを「負ける」というのである。

3 この場合、「負ける」とは、相手の要求に屈《くっ》するということだが、相手の要求に屈しても売手はけっして損害をこうむったわけではない。たしかに利益はいくばくか減じはしたが、それでも儲《もう》けはちゃんと確保されているのだ。むろん相手もそれを知っている。知っていればこそ、「負け」を売手に強要するのである。したがって、こうした取り引きの前提は「負けるが勝ち」といってもいい。売手は負けることによって、結局は儲け、勝利を得るのだから。

4 この意味で、日本人はあまり勝負にこだわらない民族といってもいいであろう。なぜこだわらないのかというと、日本人は、勝敗というものは、いちがいにきめられないと考えているからである。勝ったと思っても、じつは負けていることがあるし、反対に、③負けたといっても意外にそれが勝利へ通じている場合があることをしっかり洞察《どうさつ》しているのだ。

5 そこで日本人は、「負ける」ことをしばしば戦術にする。「おまけ」という日本語が、それを雄弁《ゆうべん》に語っていよう。「おまけ」とは、本来の商品に別の商品を加えて客に渡《わた》すこと、すなわち景品のことである。日本人ほど「おまけ」の好きな国民はいない。日本人の商戦は「おまけ」から成っているといってもいいほどだ。「おまけ」とは、すなわち客に負けることであり、負けることによって客に勝ち、さらに競争相手に勝つ戦略にほかならない。

（森本哲郎《もりもとてつろう》『日本語　表と裏』より）

問一 ——線①の意味として最も適当なものを、次の**ア**〜**ウ**から選びなさい。ミス注意

ア 事情をはっきりと伝えている。
イ 事情を深く推測している。
ウ 事情をしばしば話し合っている。

問二 ――線②の指す内容を、解答欄《らん》の形に合うように三十字以内で探し、初めと終わりの五字をぬき出しなさい。

□□□□□ ～ □□□□□ こと。

問三 4段落と2・3段落の関係の説明として最も適当なものを、次の**ア**～**ウ**から選びなさい。差がつく

ア 4段落は、2・3段落の内容を批判し、別の方向から考えている。

イ 4段落は、2・3段落の内容を否定し、逆の主張へ転じている。

ウ 4段落は、2・3段落の内容を根拠《こんきょ》にし、主張をまとめている。

□

問四 ――線③とあるが、取り引きの際の売手の立場に立つと、具体的にどういうことを表しているか。「～ということ。」という形で、二十五字以内で答えなさい。

問五 この文章をとおして筆者が述べようとしていることとして最も適当なものを、次の**ア**～**エ**から選びなさい。重要

ア 相手と常に対等の立場に立とうとする日本人には、取り引きにおいて利益をあげることにこだわらない傾向《けいこう》がある。

イ 勝敗は単純には決めにくいと考えている日本人には、取り引きにも表面上の勝負にこだわらない傾向が現れている。

ウ 常に儲けを追求し経済的な豊かさを確保しようとしている日本人は、勝敗自体にはこだわらない傾向を持っている。

エ 勝ち負けを超越《ちょうえつ》した豊かな精神を持つ日本人は、何事も決定することなどできないのだと考える傾向を持っている。

□

③場面の展開

重要ポイント

①場面

□小説・随筆《ずいひつ》・戯曲《ぎきょく》（シナリオ）などの文学的文章を読むとき、知らず知らずのうちに、頭の中に情景を思い浮《う》かべるものである。そして、その情景は、ずっと同じものではなく、話の進行に合わせて、次々と移り変わっていく。その**移り変わる一つ一つの情景**が**場面**である。

②場面設定

□場面を構成する中心的な要素には、次の四つがある。

① **時**…場面の背景になる「時」は**いつ**か。時代・年・季節・月・日・時刻など。

② **場所**…場面の背景になる「場所」は**どこ**か。場所の様子がどのように書かれているかにも注意する。

③ **人物**…場面に登場する「人物」は**誰《だれ》**か。主人公をはじめとした登場人物。人間でない場合もある。

④ **人物の言動や様子**…登場人物が何をしているのか（**どうする**）、どんな様子か（**どんなだ**）。人物の心情・人柄《ひとがら》にも注意する。

テストではココがねらわれる

◉**場面の展開**

「場面」は、テレビで見るドラマやアニメなどの一シーンのようなものである。文学的文章を読むときには、その一シーン一シーンを、正確に頭の中に思い描《えが》くようにする。

主人公をはじめとした登場人物の心理や性格、それらをとりまく環境を捉《とら》えながら、場面の展開を追っていこう。そのとき、大きな**事件**や**登場人物の入れ替《か》わり**など、はっきりとした変化が見られる場合もあるが、何げない表現によって場面が展開していく場合もあるので、**細かな描写《びょうしゃ》**にも注意する。

◉**5W1H**

場面の要素をくわしく分けると、次のような六つになる。

① **いつ（When）**………時
② **どこで（Where）**…場所
③ **誰《だれ》が（Who）**………人物

③場面展開

□「場面の四要素」のうちのいくつか、またはすべてに変化が起こって、場面は展開していく。特に、**時の経過・場所の移動・人物の出入り・人物の言動や様子の変化・できごとの進展・人物の心情の変化**などが場面の展開にかかわっている。

④読解の手順

□①**文章を通読する。**
まずは文章をよく読む。

□②**場面を捉《とら》える。**
時（いつ）・**場所**（どこ）・**人物**（だれ）・**人物の言動や様子**（どうする・どんなだ）などの、場面を構成する要素をしっかり読み取る。ただし、これらがすべて直接的に表されているとは限らない。**間接的な表現**にも注意する。

□③**場面の展開を捉える。**
場面の四要素の変化やできごとの進展、人物の心情の変化などをおさえて、場面分けをする。

□④**回想の挿入《そうにゅう》部分に注意する。**
文章は、普通《ふつう》、時の流れに従って話が進行する。過去を思い返す**回想がさしはさまれることがある**ので注意する。

④**何を（What）**……事件
⑤**なぜ（Why）**………理由
⑥**どのように（How）**…行為《こうい》

これは、上段で挙げた「場面の四要素」のうちの「人物の言動や様子」を「何を」「なぜ」「どのように」の三つに細かく分けたものである。それぞれの英語の頭文字をとって、「5W1H」と呼ぶことがある。

場面展開を考えるときに重要な要素となるので、しっかりと覚えて、これらを意識しながら文章を読むようにするとよい。

重要ポイント確認問題

1 場面を捉《とら》える

□次の文章を読んで、あとの問いに答えなさい。

そののち十日余りたってから、良平《りょうへい》はまたたった一人、昼過ぎの工事場にたたずみながら、トロッコの来るのを眺《なが》めていた。すると土を積んだトロッコのほかに、まくら木を積んだトロッコが一両、これは本線になるはずの、太い線路を登って来た。このトロッコを押《お》しているのは、二人とも若い男だった。良平は彼《かれ》らを見た時から、なんだか親しみやすいような気がした。「この人たちならばしかられない。」——彼はそう思いながら、トロッコのそばへ駆《か》けて行った。

「おじさん。押してやろうか?」その中の一人、——しまのシャツを着ている男は、うつむきにトロッコを押したまま、思ったとおり快い返事をした。

「おう、押してくよう。」良平は二人の間に入ると、力いっぱい押し始めた。

「われはなかなか力があるな。」

他の一人、——耳に巻きたばこをはさんだ男も、こう良平をほめてくれた。

そのうちに線路の勾配《こうばい》は、だんだん楽になり始めた。「もう押さなくともよい。」——良平は今にも言われるかと内心気がかりでならなかった。が、若い二人の土工は、前よりも腰《こし》を起こしたぎり、黙々《もくもく》と車を押し続けていた。良平はとうとうこらえきれずに、おずおずこんなことを尋《たず》ねてみた。

「いつまでも押していていい?」

「いいとも。」

解説

文学的文章を読む場合には、場面を時・場所・人物・人物の言動などに注意しながら読み取る必要がある。その上で、場面の展開（変化）や登場人物の心情の変化などをおさえていくようにしよう。

この文章では、トロッコの動きとともに場面が展開する。トロッコが坂を登ったり下ったりするにつれて、周囲の景色が変わり、みかん畑から竹やぶ、雑木林、やがては「うすら寒い海」と次第に寂しい情景へと移っていく。それにともない、良平の心情が、前半の心地よいものから、後半の不安なものへと変化していく様子も読み取ろう。

問一 場面の展開をつかむために、登場人物の把握《はあく》は欠かせない。主語が省略されたり、途中で人物の呼び方の変わったりする場合があるので、常に誰《だれ》を指しているのかを確認しながら読み進めよう。

問二 □の前後に注意してあてはめる。

二人は同時に返事をした。良平は「優《やさ》しい人たちだ。」と思った。五六町余り押し続けたら、線路はもう一度急勾配になった。そこには両側のみかん畑に、黄色い実がいくつも日を受けている。

「ア道のほうがいい、いつまでも押させてくれるから。」――良平はそんなことを考えながら、全身でトロッコを押すようにした。

みかん畑の間をイつめると、急に線路はウになった。しまのシャツを着ている男は、良平に「やい、乗れ。」と言った。良平はすぐに飛び乗った。トロッコは三人が乗り移ると同時に、みかん畑のにおいをあおりながら、ひた滑《すべ》りに線路を走りだした。「押すよりも乗るほうがずっといい。」――良平は羽織《はおり》に風をはらませながら、当たり前のことを考えた。「行きに押す所が多ければ、帰りにまた乗る所が多い。」――そうも考えたりした。

竹やぶのある所へ来ると、トロッコは静かに走るのをやめた。三人はまた前のように、重いトロッコを押し始めた。竹やぶはいつか雑木林になった。つま先上がりのところどころには、赤さびの線路も見えないほど、落ち葉のたまっている場所もあった。その道をやっとエきったら、今度は高いがけの向こうに、広々とうすら寒い海が開けた。と同時に良平の頭には、あまり遠く来すぎた事が、急にはっきりと感じられた。

（芥川龍之介《あくたがわりゅうのすけ》『トロッコ』より）

問一 登場人物は何人か。（　　）

問二 ア～エには、A登り、B下りのどちらが入るか。それぞれ記号で答えなさい。

ア（　　）イ（　　）ウ（　　）エ（　　）

答

問一 三人

問二 ア A　イ A　ウ B　エ A

1 〈場面の展開を捉《とら》える〉

次の文章を読んで、あとの問いに答えなさい。

[1] その人は、親しそうに話しだした。
「いいかい、君。今夜八時、この公園のすべり台に上るんだ。すると君は、一本の棒を見つけるだろう。そいつはタクトだ。指揮者のふる棒だね。それで、すべり台の手すりを軽く二、三度たたく。用意ができたと思ったら、タクトをふるんだ。三拍子《さんびょうし》。知ってるだろ、こんなふうに。」
[2] はるか向こうのベンチで、その人は、パイプをゆるやかに三拍子にふってみせた。
「終わったら、タクトは元の場所に置いて帰りなさい。」
[3] そう言って一つうなずくと、その人はゆっくり立ち上がり、ちょっと首を前にかしげるような歩き方で、向こうの出入り口から出ていってしまった。またやって来ないかと、僕《ぼく》は夕方までずっとベランダにいたけれど、その人はもう姿を見せなかった。
[4] 父さんの勤めは、土曜日も普通《ふつう》の日と同じだ。夕食が終わったのは七時半。
[5] 二人で食器を洗ったあと、昔からの習慣で、父さんは愛用のフルートをふき始めた。僕は、父さんのフルートを聞くのは好きだけど、その日はそんな気分になれなかった。
[6] 壁《かべ》の時計をちらちら見ながら、ずっと迷っていた。すべり台へ行こうかどうしようか――。もし行ってタクトがなければ、きっとがっかりするだろう。もうすぐ八時。
[7] 僕は行くことにした。タクトがなくてもいい。がっかりしない。そう自分に言い聞かせて、そっと部屋をぬけ出した。
[8] 夜の公園はだれもいなかった。すぐ横にある水銀灯で、すべり台の所だけ明るかった。ふり返ると、*スカイハイツの窓は、それぞれのカーテンの色がまるでパズルのようだ。遠く、父さんのフルートが聞こえる。
[9] 僕は、胸がどきどきしていたが、わざと何気ない様子で、すべり台の階段をゆっくり上った。
[10] あった！
[11] 水銀灯の光を浴びて、白いタクトが一つ、本当に転がっていたんだ。胸がもっとどきどきして、僕は口で息をするほどだった。ぼうっとしたままタクトを拾うと、鉄パイプの手すりを、言われたように二、三度軽くたたいた。その音はとても小さかったはずなのに、急に辺りは静まり返った。父さんのフルートも聞こえなくなった。
[12] すると、かわいた音を立てて、アパートの窓という窓のカーテンがいっせいに開かれた。次に窓が開いた。そして見る間に、それぞれのベランダに、普段着《ふだんぎ》のまま楽器を持った人たちが現れた。大人も子供も老人もいる。足音やいすを出す音、大きな楽器をセットする音が続いて、それが消えると、辺りは再び静かになった。
[13] どういうわけか、僕は落ち着いていた。用意ができたと思った。僕は背筋をのばして立つと、タクトを上げ、一呼吸おいてから静か

▼答え 別冊 p.5

にふり下ろした。

14 三拍子。

15 公園いっぱいに、やわらかな音があふれた。曲は、『くるみ割り人形』の「花のワルツ」だ。僕は夢中でタクトをふった。やがて曲は終わり、みんなが僕に向かって拍手《はくしゅ》をしていた。僕は、拍手におじぎを返した。

16 どうしてだろう。そのときまで平気だったのに、急にはずかしくなった僕は、タクトを元の所に置くと、すべり台の階段を駆《か》け下りた。そして、拍手の中をスカイハイツに向かって走りだした。

17 アパートの階段を上るころ、拍手は、いつの間にか、洗い物や話し声の普通の物音やざわめきに変わっていた。けれど僕は、一段ぬかしに階段を上りながら、ここでもきっと楽しくやっていけるぞって気持ちが、胸の中にふくらんでいるのに気がついたんだ。

（岡田淳《おかだじゅん》『雨やどりはすべり台の下で』より）

＊スカイハイツ＝「僕」の住むアパート。

問一 次の表は、この文章を四つの場面に分けたものである。A～Eには段落番号を、①～④には文中の言葉をぬき出しなさい。 重要

場面	小段落	時	場所
一	1～（A）	昼	②
二	（B）～（C）	①	「僕」の家の中
三	（D）～（E）		③
四	17		④

A［　］ B［　］ C［　］ D［　］

E［　］

①［　］

②［　］

③［　］

④［　］

ヒント

1 場面は、おもに時間や場所の変化とともに展開していく。「夕方までずっとベランダにいたけれど」や「夕食が終わったのは七時半」というような時間や場所を表す言葉に注意しながら読んでいこう。

▼答え 別冊 p.6

1 〈場面を捉《とら》える〉

次の文章を読んで、あとの問いに答えなさい。

終戦の年の四月、①小学校一年の末の妹が甲府《こうふ》に学童疎開《がくどうそかい》をすることになった。すでに前の年の秋、同じ小学校に通っていた上の妹は疎開をしていたが、下の妹はあまりに幼く不憫《ふびん》だというので、両親が手放さなかったのである。ところが、三月十日の東京大空襲《だいくうしゅう》で、家こそ焼け残ったものの命からがらのめに遭《あ》い、このまま一家全滅《ぜんめつ》するよりは、と心を決めたらしい。

妹の出発が決まると、暗幕《あんまく》を垂らした暗い電灯の下で、母は当時貴重品になっていたキャラコ*で肌着《はだぎ》を縫《ぬ》って名札を付け、父はおびただしいはがきにきちょうめんな筆で自分あてのあて名を書いた。

「元気な日はマルを書いて、毎日一枚ずつポストに入れなさい。」

と言ってきかせた。妹は、まだ字が書けなかった。

あて名だけ書かれたかさ高なはがきの束をリュックサックに入れ、雑炊用《ぞうすいよう》のどんぶりを抱《かか》えて、妹は遠足にでも行くようにはしゃいで出かけていった。

一週間ほどで、初めてのはがきが着いた。紙いっぱいはみ出すほどの、威勢《いせい》のいい赤鉛筆《あかえんぴつ》の②大マルである。付き添《そ》って行った人の話では、地元婦人会が赤飯やぼた餅《もち》を振《ふ》る舞《ま》って歓迎《かんげい》してくださったとかで、かぼちゃの茎《くき》まで食べていた東京に比べれば大マルにちがいなかった。

ところが、次の日からマルは急激《きゅうげき》に小さくなっていった。情けない黒鉛筆の小マルは、ついにバツに変わった。そのころ、少し離《はな》れた所に疎開していた上の妹が、下の妹に会いに行った。

下の妹は、校舎の壁《かべ》に寄り掛《か》かって梅干しのたねをしゃぶっていたが、姉の姿を見ると、たねをぺっと吐《は》き出して泣いたそうな。

まもなくバツのはがきも来なくなった。三月目に母が迎《むか》えに行ったとき、百日ぜきをわずらっていた妹は、しらみだらけの頭で三畳《さんじょう》の布団《ふとん》部屋に寝《ね》かされていたという。

妹が帰ってくる日、私と弟は③家庭菜園《さいえん》のかぼちゃを全部収穫《しゅうかく》した。小さいのに手をつけるとしかる父も、この日は何も言わなかった。私と弟は、ひと抱《かか》えもある大物からてのひらに載《の》るうらなり*まで、二十数個のかぼちゃを一列に客間に並《なら》べた。これぐらいしか妹を喜ばせる方法がなかったのだ。

（向田邦子《むこうだくにこ》『眠《ねむ》る盃《さかずき》』より）

***キャラコ**＝織り目が細かくつやのある白木綿《しろもめん》。

***うらなり**＝つるの先の方になる、小さく味の悪い実。

問一 ——線①とあるが、末の妹が学童疎開を決めた理由が書かれている一文を探し、初めの七字をぬき出しなさい。

問二 疎開のために出発する末の妹の様子が書かれている一文を探し、初めの五字をぬき出しなさい。

問三 ――線②の理由となる一文を探し、初めの五字をぬき出しなさい。

問四 ――線③の理由となる一文を、文中からぬき出しなさい。

問五 この文章を次の観点によって三つのまとまりに分け、(2)・(3)のまとまりの初めの五字をぬき出しなさい。重要

(1) 妹の出発　(2) 妹の消息　(3) 妹の帰宅

(2)

(3)

2

〈場面を捉える〉

次の文章を読んで、あとの問いに答えなさい。

亡くなった祖父の葬儀《そうぎ》の準備をする家で、居場所を無くした少年は、東京から来たシライという客を町内の民宿『みちしお荘《そう》』まで案内することになった。

「お待たせ」

シライさんは玄関《げんかん》の外で待っていた少年に声をかけ、大きなバッグを肩《かた》に提《さ》げて歩きだした。礼服姿にはあまり似合わない、リュックサックのようなバッグだった。

少年の家から『みちしお荘』までは、海に沿った一本道だった。夕方の凪《なぎ》の時間にさしかかって、風が止まり、よどんだ潮のにおいが濃《こ》くなっている。

「二人まとめて厄介払《やっかいばら》いされちゃったな」

シライさんはそう言って笑った。ヤッカイバライの意味はよくわからなかったが、なんとなくシライさんが『俺《おれ》たちは同じだな。』と言ってるんじゃないかと感じて、それがちょっと ア くて、少年は自分から話しかけてみることにした。

「お父ちゃんと知り合いですか?」

「ああ。お父さんとも、亡《な》くなったおじいさんとも知り合いだったんだ」

「漁に出てたんですか?」

「いや、そうじゃなくて……」

シライさんは歩きながらバッグの腹を軽く叩《たた》いた。「取材をしたんだ、おじいさんの」――シライさんは旅行雑誌の記者で、十二年前に祖父をグラビアページで紹介《しょうかい》したのだという。

「見たこと、あります、それ」

「そうか。おじいさん、カッコよかっただろ」

少年は、こくん、とうなずいた。祖父をほめられてうれしかったのが半分、残り半分は、シライさんの話にうまくついていけたことで、うれしいというより、ほっとした。

祖父は地元で一番の腕《うで》を持つ一本釣《いっぽんづ》りの漁師だった。いまの、この季節——春先には鯛《たい》を狙《ねら》う。夜明け前に港を出て、まだ陽《ひ》の高いうちに一日の仕事は終わる。

「その頃《ころ》はまだ、お父さんは見習いみたいなもので、おじいさんの船に乗って、しょっちゅう叱《しか》られてたんだ。髪《かみ》も今みたいな角刈《かくが》りじゃなくて、リーゼントで……リーゼントって、わかるかな?」

ほんとうはよくわからない。わからなくてもいいや、と思った。自分が生まれる前の父の姿はアルバムの古い写真で何度か見たことはあっても、こんなふうに誰かから話を聞くのは初めてだった。

シライさんは「あとで写真見せてやるよ」と笑った。「たくさん持ってきてるんだ」

少年は少し足を速めた。お父さんの知らないところで、お父さんの昔の写真を見て、お父さんの昔の話を聞く①——というのが、いい。買ってきたばかりのマンガを開くときのように、胸がどきどきして、わくわくする。

『みちしお荘』は、船だまりのすぐ前にあった。古びた漁船が二十隻《せき》近く並んだなかに祖父の船もある。ひときわ古い。少年が中学校に上がったら船を新調しようかと話していて、それっきりになってしまった。

シライさんは宿帳に名前を書いたあと、部屋には入らずに、一階の食堂に少年を誘《さそ》った。

「ジュース飲むか?」

「……はい」

「じゃあ、ジュースと、ビール」

注文を取った『みちしお荘』のおかみさんは、少年を見て「おじいちゃんも急なことじゃったなあ」と［イ］そうな顔になり、頭をなでてくれた。

ビールとジュース、それに「サービスです」とゆでたイカの小鉢《こばち》がテーブルに並んだ。この地方でベイカと呼ぶ、【 A 】が旬《しゅん》の小さなイカだ。酢味噌《すみそ》で食べると、酸《す》っぱさの奥《おく》でじんわりと甘《あま》みがにじむ。

「人が亡くなったときには乾杯《かんぱい》っていわないんだ。献杯《けんぱい》っていうんだ。」

ケンパイ。また知らない言葉が出てきた。ふだんなら、家に帰って母にきけば、すぐに漢字を教えてくれる。でも、今夜はたぶんそんなことを話しかける余裕《よゆう》はないだろう。

ビールとジュースのコップを軽くぶつけてケンパイすると、シライさんはビールを一口飲んで、ふーう、と声に出して息をついた。

「写真、見せてやるよ」

床《ゆか》に置いたバッグのファスナーを開け、中から分厚くふくらんだ封筒《ふうとう》を取り出した。

「これ、ぜんぶ写真なんですか?」

「ああ。ぜんぶ、おじいさんとお父さんの写真だよ」

ほら、これ、とシライさんは封筒から出した写真を何枚かまとめて少年に渡《わた》した。

祖父と父がいた。船に乗っていた。二人とも今よりずっと若い。父はまだ二十歳《はたち》そこそこで、祖父も還暦《かんれき》前だった。

はげていない頃の写真を見せたらおじいちゃんは恥《は》ずかしがるだろうか、とクスッと笑いかけて、ああそうか、と頬《ほほ》をすぼめた。もうおじいちゃんと話すことはできないんだな。おとといから何度も思ってきたことなのに、いま初めて、それが悲しさと結びついた。

漁をしているときの祖父の写真は、どれもタオルを頭に巻いていた。いつもだ。昔から変わらない。最後の漁に出たおとといもそうだった。出かける前に庭のほうに回る。漁の道具をしまった納屋《なや》の脇に、針金を渡した物干し台がある。昨日のうちに干しておいたタオルをそこから取って、キュッと頭に巻きつけて、「ほな行ってくるけん」と港へ向かう。漁を終え、魚市場に魚を卸《おろ》し、仲間と軽く一杯《いっぱい》やってから家に帰ってくると、頭からはずしたタオルを水洗いして、物干し台の針金に掛《か》ける。ずっとそうだった。毎日毎日、それを繰《く》り返していた。

「ほら、②この頃はまだお父さんの雰囲気《ふんいき》、あんまり漁師らしくないだろ」

「……はい」

「漁師を継《つ》ぐのは嫌《いや》だ嫌だって、俺と酒を飲むと文句ばっかり言ってたんだ」

「そうなんですか?」

「今は、生まれついての漁師です、って顔してるけどな」

シライさんは［ウ］そうに笑った。

（重松清《しげまつきよし》『タオル』より）

問一 シライさんは、どういう人物か。［　］①～③にあてはまる言葉を文中からぬき出しなさい。重要

シライさんは東京の［①］で、［②］に少年の［③］をグラビアページで紹介した。

問二 ――線①とあるが、どうしていいのか。その理由を答えなさい。

①	③
②	

問三 ――線②の頃の父は、いくつぐらいか。文中からぬき出しなさい。

問四 ［　］ア～ウに入る言葉として最も適当なものを、次の1～4から選びなさい。

1 うれし　2 くやし　3 寂《さび》し　4 おかし

ア	イ	ウ

問五【　】Aに入る季節を漢字一字で答えなさい。ミス注意

❹人物の心情

重要ポイント

①心情

□心の中の思いや、心の状態を**心情**という。同じような意味合いの言葉に、「心理」「感情」「気持ち」「思い」「考え」などがある。

②心情表現

□心情の表現のしかたには、次のような種類がある。

① **説明(直接的表現)**…心情を言葉に表して**直接的に述べる**。

例 〜思う・感じる・考える　〜気持ち　悲しみにくれる　など

② **描写《びょうしゃ》(間接的表現)**…登場人物の言動や様子を記すことによって、心情を間接的に述べる。また、情景を通して心情を**暗示する**。

例 何度も振《ふ》り返りながら去る〈名残惜《なごりお》しい気持ち〉
一すじの光が差しこんだ〈明るい希望〉　など

③心情と主題

□作者は小説の中で、**人間の本当の姿**や**人間としての生き方**などを読者に示し、追求している。この、**作品の中心となる思想**を**主題**(テーマ)という。

テストではココがねらわれる

◉**比喩《ひゆ》(たとえ)を用いた心情表現**
心情を効果的に表現するために、次のような比喩(たとえ)を用いることがある。

① **直喩《ちょくゆ》(明喩《めいゆ》)**…「〜のようだ」などの説明語を用いて、何を何にたとえるのかを明らかにする。

② **隠喩《いんゆ》(暗喩《あんゆ》)**…「〜のようだ」などの説明語を用いずにたとえる。

③ **擬人法《ぎじんほう》**…人間でないものを人間にたとえる。

◉**心情の解釈《かいしゃく》**
例えば「彼《かれ》は笑った」という描写《びょうしゃ》があったとする。この時、「彼」の心情として、どのような解釈ができるだろうか。「笑う」という動作の意味を、次に挙げてみよう。

・喜ぶ
・感謝する
・強がってみせる
・皮肉《ひにく》を込《こ》める
・ばかにする　など

という。登場人物の心情を注意深くしっかりと読み取っていくことが、主題を正確に理解することにつながる。

④読解の手順

□①**心情の直接的な表現を捉《とら》える。**
登場人物の心情を直接的な言葉で表している部分をおさえる。

□②**行動・様子から心情を捉える。**
登場人物の行動・動作・態度・表情などの描写から、そのもとにある心情を読み取る。

□③**発言から心情を捉える。**
登場人物の発言の内容・言い方などから心情を読み取る。

□④**情景から心情を捉える。**
情景描写には心情が暗示されることがある。場面の情景を思い浮《う》かべて、登場人物の心情を考える。

□⑤**登場人物の置かれている状況《じょうきょう》に注意する。**
時代背景・社会背景など、登場人物の置かれている状況を知ると、心情が理解しやすくなる。

□⑥**登場人物の心情の推移を捉える。**
場面の展開とともに登場人物の心情がどのように移り変わっていくのかを読み取る。

このように、「笑い」は「喜び」だけでなく「苦しみ」や「あざけり」の心情などからも生まれることがある。登場人物の言動や様子は心情の表れであるが、その複雑な関係を正確に捉《とら》えることが大切である。

◉**状況《じょうきょう》・情景**
小説を読む場合には、**登場人物をとりまく環境**や、**人物が置かれている状況**に注意をはらいながら読むことが大切になる。それらが登場人物の心情に影響《えいきょう》を及《およ》ぼすことが少なくないからである。人間関係も正確に理解しておきたい。
また、**季節の風物や時の移ろい**、**場所の様子などを中心とした情景描写**から、登場人物の心情を読み取ることも必要である。

1 人物の心情を捉《とら》える

□次の文章を読んで、あとの問いに答えなさい。

さすがに疲労《ひろう》し、折から午後の灼熱《しゃくねつ》の太陽がまともに、かっと照ってきて、メロスは幾度《いくど》となくめまいを感じ、これではならぬ、と気を取り直しては、よろよろ二、三歩あるいて、ついに、がくりと膝《ひざ》を折った。立ち上がる事ができぬのだ。①天を仰《あお》いで、くやし泣きに泣きだした。ああ、あ、濁流《だくりゅう》を泳ぎ切り、山賊《さんぞく》を三人も撃《う》ち倒し、韋駄天《いだてん》、ここまで突破《とっぱ》してきたメロスよ。真の勇者、メロスよ。今、ここで、疲《つか》れ切って動けなくなるとは情けない。愛する友は、おまえを信じたばかりに、やがて殺されなければならぬ。おまえは、希代《きだい》の不信の人間、まさしく王の思う壺《つぼ》だぞ、と自分を叱《しか》ってみるのだが、全身萎《な》えて、もはや芋虫《いもむし》ほどにも前進かなわぬ。路傍《ろぼう》の草原にごろりと寝転がった。身体疲労すれば、精神も共にやられる。もう、どうでもいいという、勇者に不似合いな②ふてくされた根性が、心の隅《すみ》に巣食った。私は、これほど努力したのだ。約束を破る心は、みじんもなかった。神も照覧、私は精いっぱいに努めてきたのだ。動けなくなるまで走ってきたのだ。私は不信の徒ではない。ああ、できる事なら私の胸をたち割って、真紅の心臓をお目にかけたい。愛と信実の血液だけで動いているこの心臓を見せてやりたい。けれども私は、この大事な時に、精も根も尽《つ》きたのだ。私は、よくよく不幸な男だ。私は、きっと笑われる。私の一家も笑われる。私は友を欺《あざむ》いた。中途で倒れるのは、初めから何もしないのと同じ事だ。ああ、もう、どうでもいい。これが、私の定まった運命なのかもしれない。セリヌンティウスよ、許してくれ。君は、いつでも私を信じた。私も君を、欺かなかった。私たちは、本当によい友と友であったのだ。一度だって、暗

解説

問一 濁流を泳ぎきり、山賊を倒し、ここまで突破してきたのに、その疲労と暑さで動けなくなってしまった事がメロスの悔《くや》し泣きの理由である。

問二 メロスは心体疲労のために精神までだめになってしまい、勇者とは相容《い》れない「ふてくされた根性」が心の中に宿ってしまったのである。しかし、メロスには「約束を破る心は、みじんもなかった」のであり、いかに約束を遂行《すいこう》したかったかという自己弁護がその後の部分で語られている。

問三 メロスは、疲れのために友を欺くかもしれない状況の中で、自分を信じてくれている友のことを思っているのである。

い疑惑の雲を、お互《たが》い胸に宿したことはなかった。今だって、君は私を無心に待っているだろう。ああ、待っているだろう。ありがとう、セリヌンティウス。よくも私を信じてくれた。③それを思えば、たまらない。友と友の間の信実は、この世で一番誇《ほこ》るべき宝なのだからな。セリヌンティウス、私は走ったのだ。君を欺くつもりは、みじんもなかった。信じてくれ！　私は急ぎに急いでここまで来たのだ。濁流を突破した。山賊の囲みからも、するりと抜《ぬ》けて一気に峠《とうげ》を駆《か》け降りてきたのだ。私だから、できたのだよ。ああ、この上、私に望みたもうな。放っておいてくれ。どうでも、いいのだ。私は負けたのだ。

（太宰治《だざいおさむ》『走れメロス』より）

問一　――線①とあるが、このときのメロスの気持ちとして最も適当なものを、次の**ア**～**エ**から選びなさい。

ア　疲れて動けないことが情けない。　**イ**　殺される友がかわいそうだ。
ウ　王の思うままになりたくない。　**エ**　勇者でなくなるのがいやだ。（　）

問二　――線②とあるが、このような気持ちがメロスの心に芽生えた理由として最も適当なものを、次の**ア**～**エ**から選びなさい。

ア　疲れがひどく、友を助ける約束なんてどうでもいいと思うから。
イ　あまりの暑さのために、自分の事以外何も考えられないから。
ウ　身体が疲労すると、心までもだめになり、どうでもいいと思うから。
エ　あらゆる努力をしてきて、もうこれ以上何もしたくないから。（　）

問三　――線③とあるが、このときのメロスの気持ちとして最も適当なものを、次の**ア**～**エ**から選びなさい。

ア　自分を信じてくれる友人を裏切りたくない。
イ　弱い自分をひたすら信じてくれてうれしい。
ウ　友の期待を裏切ってしまい残念だ。
エ　疲労があり約束を守れなくても仕方がない。（　）

答

問一　ア
問二　ウ
問三　ア

1 〈人物の心情を捉《とら》える〉

次の文章を読んで、あとの問いに答えなさい。

▼答え 別冊 p.7

「私」は、長年一族が住んでいた家を他人に明け渡《わた》すために、二十年ぶりに故郷に帰ってきた。そこに、少年の頃《ころ》いっしょに遊んだ、家の雇《やと》い人の子供である閏土《ルントー》が訪ねてきた。

ある寒い日の午後、私は食後の茶でくつろいでいた。表に人の気配がしたので、ふり向いてみた。①思わずアッと声が出かかった。いそいで立ち上がって迎えた。

来た客は閏土《ルントー》である。一目で閏土《ルントー》とわかったものの、その閏土《ルントー》は、②私の記憶にある閏土《ルントー》とは似もつかなかった。背丈は倍ほどになり、昔のつやのいい丸顔は、いまでは黄ばんだ色に変《かわ》り、しかも深い皺《しわ》がたたまれていた。眼も、かれの父親がそうであったように、まわりが赤くはれている。③私は知っている。海辺で耕作するものは、一日じゅう潮風に吹《ふ》かれるせいで、よくこうなる。頭には古ぼけた毛織りの帽子、身には薄手の綿入れ一枚、全身ぶるぶるふるえている。紙包みと長いきせるを手にさげている。その手も、私の記憶にある血色のいい、まるまるした手ではなく、太い、節くれ立った、しかもひび割れた、松の幹のような手である。

④私は、感激で胸がいっぱいになり、しかしどう口をきいたものやら思案がつかぬままに、ひとこと、

「ああ閏《ルン》ちゃん――よく来たね……」

つづいて言いたいことが、あとからあとから、数珠《じゅず》つなぎになって出かかった。角鶏《チアオチー》、跳《は》ね魚、貝がら、猹《チャー》……。だがそれらは、何かでせきとめられたように、頭のなかをかけめぐるだけで、口からは出なかった。

かれはつっ立ったままだった。⑤喜びと寂しさの色が顔にあらわれた。唇《くちびる》が動いたが、声にはならなかった。最後に、うやうやしい態度に変って、はっきりこう言った。

「旦那《だんな》さま！……」

⑥私は身ぶるいしたらしかった。悲しむべき厚い壁が、ふたりの間を距《へだ》ててしまったのを感じた。私は口がきけなかった。

かれはうしろを向いて、「水生《シュイション》、旦那さまにお辞儀《じぎ》しな」と言って、かれの背に隠れていた子どもを前へ出した。これぞまさしく三十年前の閏土《ルントー》であった。いくらか痩《や》せて、顔色が悪く、銀の首輪もしていない違《ちが》いはあるけれども。「これが五番目の子でございます。世間へ出さぬものですから、おどおどしておりまして……」

（魯迅《ろじん》（ルーシュン）／竹内好《たけうちよしみ》訳『故郷』より）

問一 ――線①とあるが、声にならなかった理由を次の**ア**～**エ**から選びなさい。

ア 閏土《ルントー》の姿が、私の記憶にあるものと全く変わってしまっていたから。

イ 立っていた閏土《ルントー》の姿が、昔の仲のよかった時の思い出と同じ

だったから。

ウ 閏土《ルントー》が、昔と比べてあまりにも大きく立派になっていたから。

エ 閏土《ルントー》が来たのに、私にはいったいどこの誰《だれ》であるのかわからなかったから。

［　　］

問二 ――線②とあるが、外見からわかる閏土《ルントー》の変化を四つ答えなさい。

［　　］

［　　］

［　　］

［　　］

問三 ――線③とあるが、どんなことを知っているのか。答えなさい。 **ミス注意**

［　　］

問四 ――線④とあるが、「私」は何に感激したのか。簡潔に答えなさい。

［　　］

問五 ――線⑤とあるが、「寂しさ」が生じた理由を簡潔に答えなさい。

［　　］

問六 ――線⑥とあるが、このときの「私」の気持ちを次の**ア**～**エ**から選びなさい。 **重要**

ア 再び閏土《ルントー》に出会えたことに対する喜び。

イ 閏土《ルントー》が敬意を表したことに対する怒り。

ウ 閏土《ルントー》の卑屈な態度に対する衝撃。

エ 閏土《ルントー》の恭順な態度に対する疑問。

［　　］

▼答え 別冊 p.7

1 〈人物の心情を捉《とら》える〉

次の文章を読んで、あとの問いに答えなさい。

それに、正直に言えば透哉《とうや》が神奈川《かながわ》でどんな暮らしをしてきたか、どんな理由があって八頭森《やずもり》にやってきたのか、どうしても知りたいわけではなかった。もちろん、関心はある。作楽《さくら》透哉がどういうやつなのか、何を考え、何を望んでいるのか知りたい。何より、どんな風に野球に携わってきたのか知りたい。野球のことをどう考えているのか知りたい。これから先、どんな風に野球と関わりを結ぼうとしているのか知りたい。

あぁほんとうに、知りたいことは山ほどある。だけど、それは誰《だれ》かから聞き出すことじゃない。そんな気がしてならないのだ。

作楽の口から聞くのだ。時間がかかってもいい。ゆっくりと、ゆっくりと、知っていけばいいではないか。

時間はあるはずだ。地区予選を視野に入れれば、十分とは言えないけれど、ぎりぎり追い詰《つ》められているわけではない。まだ、そこまで切羽《せっぱ》詰まってはいない。

瑞希《みずき》はミットの先にそっと手を触《ふ》れてみる。

地区予選を視野に入れれば……。

息を呑《の》み込《こ》んでいた。

「どうした?」

良治《りょうじ》が覗《のぞ》き込んでくる。

「ぼけっとして、何、考えてるんや」

「あっ、おれ、ぼけっとしとったか?」

「うわっ、最悪。自分がぼけっとしてることまで気ぃつかんぼけって、かなり深刻なぼけっやぞ、瑞希」

良治の揶揄《やゆ》を無視し、①ミットに視線を落とす。

「良治」

「なんや」

「おれ、何か、ちょっと違《ちご》うたかも……」

「は？ 違う？ 何が？」

「よう、わからんけど、おれ、間違うたかもしれん」

「おまえはだいたい、いっつも間違うてるやないか。あー、この前の数学のテスト、何点やったかな。かなりヒサンやったよなあ」

「数学の話なんかしとらんやろ。そんなことじゃなくて……」

良治の視線がぶつかってくる。真顔だった。眼も口元も引き締《し》まっている。

「瑞希、もうちょい」

②唇《くちびる》を舐《な》め、良治が眼を細めた。

「わかるように、言うてみ。何がどう違うんや」

「うん。あの、作楽に言うたこと……あれ、もしかしてビミョーに違うたかもしれんて思うた」

「いつ？」

「今」

「どこらへんがビミョーに違うんや」

うん、と頷《うなず》き、瑞希も唇を舐める。根気よく同じ質問を繰《く》り返す良治に答えていくうちに、③少しずつもつれた糸が解けていく気がする。想いが言葉になっていく気がする。

「あの、おれ、あいつに甲子園に行こうとか言うたやろ」

「言うたな。かなり暑苦しく言うた」

「それに、あいつがいたら地区予選とか楽勝かもなんて考えた。これは、言うてないよな」

「言うてない」

「けど、おれ、ほんとは……他にもちゃんと言わんとあかんことがあったんや。おれ、地区大会とか甲子園とかぬきにして……そういうの関係なく、もう一度、あいつの球、捕りたいんやって……伝えなあかんかった」

風に乗って竹の葉が一枚飛んできた。黄色く変色した病葉《わくらば》だ。

「それ、言うてたんと違うか。まぁえらくもたもた、たどたどしかったから、作楽に伝わったかどうかは、それこそ、ビミョーやけどな」

もっと、ちゃんと言うべきだった。きちんと伝えるべきだった。

甲子園のためじゃなく、おれの夢のためじゃなく、試合に勝つためじゃなく、ピッチャーが必要だったからじゃなく……いや、そんな*心思《しんし》も確かにあるけれど、おれがここに来たのは、もう一度だけ、おまえの球を捕りたかったから、もう一度、ちゃんと受け止めたかったから、それが一番の理由なんだ。

そう言うべきだった。伝えるべきだった。

病葉がまた一枚、風に運ばれていく。

べきだった？　もう過去形にしてしまうのか。今朝、逢《あ》ったばかりなのに、悔《く》やんだだけでお仕舞いにするのか。

④背筋を伸ばす。暖かな初夏の空気を吸い込む。

「婆《ばあ》ちゃん」

思いの外、大声が出てしまった。作楽の婆さんが少し後ずさりする。

「作楽の部屋って二階か？」

「そうやけど……」

「さっきの廊下《ろうか》の突き当たりに階段があって、そこを上ったら右側にある茶色いドアの部屋や」

良治がさりげなく教えてくれた。

婆さんが上目遣《うわめづか》いに瑞希を見やる。

「あんた、透哉の部屋に行って何を」

「ちょっと、おじゃまするで」

ミットを腋《わき》に挟《はさ》み駆《か》け出す。

（あさのあつこ『グラウンドの空』より）

＊**心思**＝思い。考え。

問一　——線①とあるが、このときの「瑞希」の気持ちを説明しなさい。**重要**

問二　——線②とあるが、このときの「良治」の気持ちを説明しなさい。重要

問三　——線③とあるが、どういうことか説明しなさい。

問四　——線④とあるが、このときの「瑞希」の気持ちを説明しなさい。重要

2 〈人物の心情を捉える〉

次の文章を読んで、あとの問いに答えなさい。

二年前、逃亡した使用人の巻き添《ぞ》えで捕らえられた船乗り業桂《かつら》屋太郎兵衛《やたろべえ》の処刑が行われる二日前、太郎兵衛の長女いちは、子供たちを身代わりにした助命嘆願書《たんがんしょ》を思いつき、西町*奉行所《ぶぎょうしょ》に願い出る。嘆願書の文を不審《ふしん》に思った奉行所の佐佐《ささ》が、子供たちを取り調べる場面である。

このとき佐佐が書院の敷居《しきい》際まで進み出て、「いち」と呼んだ。

「はい」

「おまえの申し立てにはうそはあるまいな。もし少しでも申したことに間違《まちが》いがあって、人に教えられたり、相談をしたりしたのなら、今すぐに申せ。隠して申さぬと、そこに並べてある道具で、誠のことを申すまで責めさせるぞ」佐佐は責め道具のある方角を指さした。

いちは指された方角をひと目見て、少しも*たゆたわずに、「いえ、申したことに間違いはございません」と言い放った。その目は冷ややかで、その言葉は静かであった。

「そんなら今一つおまえにきくが、身代わりをお聞き届けになると、おまえたちはすぐに殺されるぞよ。父の顔を見ることはできぬが、それでもいいか」

「よろしゅうございます」と、同じような、冷ややかな調子で答えたが、少し間を置いて、①何か心に浮かんだらしく、「お*上《かみ》のことには間違いはございますまいから」と言い足した。

佐佐の顔には、不意打ちに遭《あ》ったような、驚愕《きょうがく》の色が見えたが、それはすぐに消えて、険《けわ》しくなった目が、いちの面《おもて》に注がれた。憎《ぞう》悪《お》を帯びた驚異の目とでもいおうか。しかし佐佐は何も言わなかった。

次いで佐佐は何やら取り調べ役にささやいたが、間もなく取り調べ役が町年寄に、「御用が済んだから、引き取れ」と言い渡した。

白洲《しらす》を下がる子どもらを見送って、佐佐は太田《おおた》と稲垣《いながき》とに向いて、「生い先の恐ろしい者でござりますな」と言った。心のうちには、哀《あわ》れな孝行娘の影も残らず、人に教唆《きょうさ》せられた、おろかな子供の影も残らず、ただ氷のように冷ややかに、刃のように鋭《するど》い、いちの最

後の詞《ことば》の最後の一句が反響しているのである。元文ごろの徳川家の役人は、もとより「マルチリウム*」という洋語も知らず、また当時の辞書には献身《けんしん》という訳語もなかったので、人間の精神に、老若男女の別なく、②罪人太郎兵衛の娘に現れたような作用があることを、知らなかったのは無理もない。しかし献身のうちに潜むA の矛先《ほこ》は、いちと言葉を交えた佐佐のみではなく、書院にいた役人一同の胸をも刺した。

（森鷗外《もりおうがい》『最後の一句』より）

*奉行所＝江戸時代、幕府の指図を受けて政務をとりおこなう役所。
*たゆたわず＝迷うことなく。
*お上＝朝廷・幕府など、政治をとりおこなう機関。
*マルチリウム＝ラテン語。キリスト教で「殉教《じゅんきょう》」を意味する。

問一 ――線①とあるが、その内容として最も適当なものを次の**ア**～**エ**の中から選びなさい。差がつく

ア 使用人の罪の巻き添えになった父の死罪は不当であると思った。
イ 本当に父は間違いを起こしたのではないかと、自分の行動を不安に思った。
ウ すでに父に死罪が行われて、父はもうこの世にいないのではないかと思った。
エ 死ぬ決意はすでにできているので、もう話をやめたいと思った。

問二 ――線②として最も適当なものを、次の**ア**～**エ**から選びなさい。

ア 平等主義　**イ** 親孝行　**ウ** 人権意識　**エ** 自己犠牲《ぎせい》

問三 A に入る言葉として最も適当なものを、次の**ア**～**エ**から選びなさい。重要

ア 従順　**イ** 反抗　**ウ** 扇動《せんどう》　**エ** 悲哀

問四 森鷗外の作品でないものを、次の**ア**～**エ**から選びなさい。

ア 山椒太夫《さんしょうだゆう》　**イ** 高瀬舟《たかせぶね》　**ウ** 坊《ぼ》っちゃん　**エ** 阿部《あべ》一族

⑤作者の思い

重要ポイント

①随筆《ずいひつ》

□作者が体験・見聞したできごとをもとに、その印象や感想を自由につづる文章を**随筆**という。**随想**《ずいそう》・**エッセイ**ともよばれる。随筆には、ある事実について「私《わたし》はこのように思った」という作者の思いが生《なま》の形で表現されている。

随筆の内容は、叙情的《じょじょうてき》なもの、思索的《しさくてき》なもの、記録・考証的なもの、評論的なものなどさまざまである。

②基本パターン

□随筆など、作者の思いを述べることを主とする文章には、おおよそ次のパターンがある。

① **あるできごとに対して、一つの思いを述べる。**

随筆の最も単純で基本的なパターンは、あるできごとに対して、そこから生まれた思いを述べるものである。その思いの広がり、深まりを読み取る。

② **あるできごとをきっかけにして、作者のものの見方とは異なる、別のものの見方に出会ったことを述べる。**

テストではココがねらわれる

◉**随筆《ずいひつ》の読み方**

随筆を読む際には、まず次の二点に注意する。

① **どのような事実が書かれているか。**

② **その事実に対して作者はどう思ったのか。**

事実の部分と作者の思いの部分をしっかりと読み分けることが大切である。これをあいまいにすると、作者の思いを明確に捉《とら》えられなくなる。また、体験・見聞した事実の何が作者の心を動かしたのかを読み取るようにする。

作者のものの見方(これまでに知っていた見方)と、別のものの見方(新たに出会った見方)とを読み分け、どのような点にちがいがあるのかをおさえる。そして、別のものの見方を知ったことにより、作者の考え方がどのように変わったのかを読み取る。

③ あるできごとを通して抱《いだ》いたいろいろな思いを、分析的《ぶんせきてき》に説明して述べる。

場面ごとに、どの事実に対して、どのような思いを抱いたのかを読み取っていく。また、それぞれの思いの性質や互《たが》いの関係を正確に捉《とら》えることが大切である。

③読解の手順

□ ① **作者が体験・見聞したできごとを捉える。**

どのようなできごとを体験・見聞したのかを読み取る。

□ ② **作者の思いを捉える。**

作者の心情を**直接的に表す言葉**や、作者の**発言・行動・動作・態度・表情**をおさえる。また、**事実がどのような捉え方をされているのか**を読み取り、その奥《おく》にある作者の思いを考える。

□ ③ **さまざまな思いを読み分ける。**

誰《だれ》の、どのような**状況《じょうきょう》**での思いなのかを、一つ一つ整理しながら読む。

◉作者の思いの読み取り方

文章を読んで自分がどう感じたかではなく、**作者がどのように思い、感じ、考えているのか**を、文章に沿って忠実に読み取る。次の点には特に注意する。

① **直接的表現**

「〜思う・感じる」「〜気持ち・思い」など、作者が心情を直接的な言葉で表している部分や思うことを述べている部分を読み取る。

② **作者の言動や様子**

事実に対する作者の対応のしかたを読み取り、その元にある作者の思いを考える。

③ **事実の説明**

文章の中で説明される事実は、ありのままに述べられているように見えても、実際は作者の感覚を通して捉えられたものである。**事実がどのような捉え方をされるのか**を読み取り、その奥《おく》にある作者の思いを考える。

1 できごと・思いを捉《とら》える

□次の文章を読んで、あとの問いに答えなさい。

人はよく美しい言葉、正しい言葉について語る。しかし、私たちが用いる言葉のどれをとってみても、単独にそれだけで美しいと決まっている言葉、正しいと決まっている言葉はない。ある人があるとき発した言葉がどんなに美しかったとしても、別の人がそれを用いたとき同じように美しいとはかぎらない。それは、言葉というものの本質が、口先だけのもの、語彙《ごい》だけのものではなくて、それを発している人間全体の世界をいやおうなしに背負ってしまうところにあるからである。人間全体が、ささやかな言葉の一つ一つに反映してしまうからである。

京都の嵯峨《さが》に住む染織家《せんしょくか》志村《しむら》ふくみさんの仕事場で話していたおり、志村さんがなんとも美しい桜色に染まった糸で織った着物を見せてくれた。そのピンクは、淡《あわ》いようでいて、しかも燃えるような強さを内に秘め、華《はな》やかでしかも深く落ち着いている色だった。その美しさは目と心を吸い込《こ》むように感じられた。

「この色は何から取り出したんですか。」

「桜からです。」

と志村さんは答えた。素人《しろうと》の気安さで、私はすぐに桜の花びらを煮詰《につ》めて色を取り出したものだろうと思った。実際はこれは桜の皮から取り出した色なのだった。あの黒っぽいごつごつした桜の皮からこの美しいピンクの色がとれるのだという。志村さんは続けてこう教えてくれた。この桜色は、一年中どの季節でもとれるわけではない。桜の花が咲く直前のころ、山の桜の皮をもらってきて染めると、こんな、

解説

随筆《ずいひつ》を読むにあたっては、作者がどのようなできごとを体験し、どのような思い（感じ方・考え方）を抱《いだ》いたのか、しっかりと読み取ることが大切である。

問一 染織家の志村さんの話から、桜の木は、花びらだけでなく、幹、樹皮、樹液をはじめとして、桜の木全体でピンク色に色づこうとしているのだと知った時の、作者の「体が一瞬揺らぐような不思議な感じ」という体験がこの文章を書いたきっかけとなっている。

問二 詩人である作者はこのできごとから言葉の世界について思いをめぐらし、一枚一枚の花びらが木全体を背負っているのと同じように、一語一語のささやかな言葉はそれを発する人の人間全体を反映しているということに気づく。

上気したような、えもいわれぬ色が取り出せるのだ、と。

①私はその話を聞いて、体が一瞬《いっしゅん》揺らぐような不思議な感じに襲《おそ》われた。春先、もうまもなく花となって咲き出でよう《い》としている桜の木が、花びらだけでなく、木全体で懸命《けんめい》になって最上のピンクの色になろうとしている姿が、私の脳裏に揺らめいたからである。花びらのピンクは、幹のピンクであり、樹皮のピンクであり、樹液のピンクであった。桜は全身で春のピンクに色づいていて、花びらはいわばそれらのピンクが、ほんの尖端《せんたん》だけ姿を出したものにすぎなかった。

考えてみればこれはまさにそのとおりで、木全体の一刻も休むことない活動の精髄《せいずい》が、春という時節に桜の花びらという一つの現象になるにすぎないのだった。しかしわれわれの限られた視野の中では、桜の花びらに現れ出たピンクしか見えない。たまたま志村さんのような人がそれを樹木全身の色として見せてくれるとはっと驚《おどろ》く。

このようにみてくれば、これは言葉の世界での出来事と同じことではないかという気がする。②言葉の一語一語は、桜の花びら一枚一枚だといっていい。一見したところぜんぜん別の色をしているが、しかしほんとうは全身でその花びらの色を生み出している大きな幹、それを、その一語一語の花びらが背後に背負っているのである。そういうことを念頭におきながら、言葉というものを考える必要があるのではなかろうか。そういう態度をもって言葉の中で生きていこうとするとき、一語一語のささやかな言葉の、ささやかさそのものの大きな意味が実感されてくるのではなかろうか。

（大岡信《おおおかまこと》『ことばの力』より）

問一 ――線①とあるが、作者がこのような感じに襲われた理由を述べた次の文の、（　）にあてはまる適当な言葉を、文中からぬき出しなさい。

桜の木は（　　　　）で、ピンクに色づこうとしていることを知ったから。

問二 ――線②が背負っているものを、文中からぬき出しなさい。

（　　　　）

答

問一 木全体（全身）

問二 人間全体

1 〈作者の思いを捉《とら》える〉

次の文章を読んで、あとの問いに答えなさい。

▼答え　別冊 p.8

> 作者がブラジルのアメリカン・スクールに通っていた時のことである。作者はクラスでただ一人の日本人。もうすぐ世界史の授業で「パール・ハーバー*」を習うことを思うと、憂鬱《ゆううつ》でたまらない。教科書には、日本が悪魔的《あくまてき》な野心と狂気《きょうき》に満ちた国として記述されているからだ。

一年も終わりに近づき、第一次世界大戦の話も終わってしまった。私はひそかに対策を練っていた。①なんとか仮病で母をだまして、その日、学校を休むという作戦である。

ぜんそくの発作と腹痛を、前の晩から自分でも驚《おどろ》くほどの大胆《だいたん》さで演じてのけた。両親に教科書を見せ、親の世代に対する怒《いか》りをぶつけて、堂々と学校を休むということを、なぜか私はしようとは思わなかった。思えば、私は幼いなりに、異郷で精いっぱい、親をかばっていたのかもしれない。

そのせいか、仮病を演じたことの罪悪感はほとんど感じないでいた。ただ一つ最後まで気になって、なかなか寝《ね》つくことができなかったのは、世界史の先生のことだった。その先生は見えない魔法のつえを持っていて、授業が始まると、いつの間にか教室全体に昔の世界が広がっていった。私はその先生が大好きだった。パール・ハーバーの授業を休んだら、先生はどう思うだろう……その答えはついに見つからなかった。

朝になって、何度、母が起こしに来ても、私はベッドを離《はな》れようとしなかった。しばらくすると、母は、パンがゆを作ったから起きる？　と、聞きに来た。病気の時、母はいつもパンがゆを作ってくれた。母は病気を信じてくれたのだろうか……私はそのかすかに甘《あま》いパンがゆを食べながら、やっぱりスクール・バスに乗っていこうと思ったのだった。

世界史の教室に入る。足早に自分の席に向かう私に、「ハーイ、クニコ！」と先生は声をかけてくれた。その声の明るさに、かえって私の心は緊張《きんちょう》した。

授業がどう始まったのか、覚えていない。私はまるで石のように微動《びどう》だにせず、教科書のそのページを開いたまま、下を向いていた。②緊張のあまり、周囲から音が消えてしまったかのようだった。

先生が黒板に何かを書いている……日本の石油の輸入の割合だ……おやっ……教科書にそんなこと書いてあったっけ……。先生の声が耳に戻《もど》ってくる。先生はどんどんしゃべっていく。日本は資源が乏《とぼ》しいこと、発展するために外国から資源を輸入しなければならないこと、どんなに資源の乏しい国でも、貿易によって発展する権利があること、しかし、欧米《おうべい》諸国は、アジアの国が発展しすぎることは許せないと思っていたこと、そこで、日本の資源輸入を困難にしていったこと……しかもなんとアメリカは、実は、欧州戦に参戦する契機《けいき》をつかもうとしていたこと……違《ちが》う！　教科書と全く違うことを先生は授業でしゃべっている！

先生はたった一人の生徒のために、その授業をやってくれたのだった。クラスのだれもが、授業の内容が教科書と全く違うことに気がついていた。しかし、いつもは活発な生徒たちの一人として、そのことを問う子はいなかった。

戦争には、たくさんの原因がある、と先生は言った。戦争だけでなく、国と国との間の事件には必ず複雑な背景がある――それを単一原因論に短絡《たんらく》させてしまうのは、歴史に対する暴力だ――と先生は授業を閉じた。

部屋を出る時、先生に心から何かを言いたかった。けれど、ひと言でもしゃべったら、涙《なみだ》が一気にあふれそうだった。かつてないほど、私はパール・ハーバーを恥《は》じていた、それでも、日本非難の矢《や》面《おもて》に立たないですんだことに、私の中の子供の部分は本当に救われたのだった。

しかしその時私は、私の中にもう一人の自分を発見する。もはや子供とは呼べないそのもう一人の私は、国際関係の複雑なからみ合いを解明していく仕事を、そして平和の追求に関わる仕事を夢みていた。

（猪口邦子《いのぐちくにこ》『パール・ハーバーの授業』より）

＊**パール・ハーバー**＝一九四一年、日本海軍がハワイオアフ島パール・ハーバーにあったアメリカ海軍に仕掛《か》けた奇襲攻撃《きしゅうこうげき》のこと。真《しん》珠湾《じゅわん》攻撃。

問一 ――線①のような行動をとろうと思った理由を、二十五字以内で答えなさい。

問二 ――線②の時の作者の気持ちとして適当なものを、次の**ア**～**エ**から選びなさい。 重要

ア 私の本心を知らずに、明るく先生が授業を行っていることを申し訳なく思っている。

イ 教室でたった一人の日本人として、日本非難の矢面に立たされるかも知れず身構えている。

ウ パール・ハーバーに関する詳しい説明を求められるかもしれないことに不安を感じている。

エ 学校をずる休みするという計画を変更した自分自身の気持ちに対して疑問を感じている。

［　　］

問三 授業を受け終わったあと、作者が考えたことのうちで、作者のその後の人生に最も影響を与えたものを、次の**ア**～**エ**から選びなさい。

ア 将来の自分の仕事について考えたこと。

イ 私一人のために授業をした先生に感謝したこと。

ウ かつてないほどパール・ハーバーを恥じたこと。

エ 日本非難の矢面に立たされずにすんだこと。

［　　］

1

〈作者の思いを捉《とら》える〉

次の文章を読んで、あとの問いに答えなさい。

▼答え　別冊 p.9

作者は、一九八五～一九八七年の二年間、青年海外協力隊員として南米パラグアイのエデリラという村に赴任《ふにん》した。

　物のない所だったので、使えるものは何でも使った。傷口を木綿《もめん》糸《いと》で縫《ぬ》い合わせたり、カミソリをメスの代わりにしたり、使い捨ての注射器を何度も消毒しては使った。包帯やガーゼなどないので、古くなったシャツやブラウスをよく洗いきって使った。それでも十分に治っていく自然治癒力《ちゆりょく》のすごさ！　人間のすばらしさを感じずにはいられない。

　しかし、やはり死んでいく人は多くいる。こうすれば助かるかもしれないのにと思っても、①どうすることもできない悔《くや》しさを何度も味わった。そんな時、日本だったら、とよく思った。過保護とも思えるほど、日本の医療《いりょう》の場には何でもある。しかし、ここはパラグアイである。私の金を使い、日本の物を使うのは簡単だが、それは一時的なものにすぎない。どうすることが正しかったのか今でもわからないが、とにかくここにある物で、ここの方法でやらなくてはいけない、と感じていた。物質的な面で満たすことができない分、どうしたらいいのか。とにかく何度も人々の所に足を運んだ。

　そうするうちに、自分がだんだん素直《すなお》になっていくのを感じた。人々を好きになり、何かをせずにはいられなくなる。喜ぶ顔が見たくなるのである。それは、ときどき顔を見せることであり、話をすることであり、一緒《いっしょ》に泣いたり笑ったり、そして理解しようとする私自身の姿勢なのだと思った。

　初めのころの私は、人々に大いに利用されようと思っていたのに、いつか〈私がこれだけしてやっているのに〉に、変わっていったように思う。それに気づいた時、すでに任期は半分以上過ぎていた。自分のそういう［　　］さを認識した時、②少しだけ彼《かれ》らに近づいたような気がする。

　二年間、私はパラグアイ人の家族と一緒に生活した。パラグアイでの生活は素朴《そぼく》なものだった。外は街灯などなく真っ暗だが、空を見上げると、こぼれ落ちそうなほどのたくさんの星たちが一面に広がっている。南十字星、天の川、流れ星……立ち止まったまま見とれてしまうことが何度もあった。

　夏の夜、下宿先のパラグアイ人の家族とともに、家の外にいすを出し、お茶を飲みながらいろいろな話をするのが私の楽しみな日課だったが、そんな時、私はときどき空を見上げているらしく、下宿先の家族によく笑われた。「何がそんなにおもしろいのか」「何がそんなに珍《めずら》しいの」「日本人は変わっている」と、本当にわからないといった顔をする。確かに、彼らにとってこの空は、昔から変わらずあるので、そんなに驚《おどろ》くことではないのである。

　彼らは、雨が降ると家の中でじっとしていた。寒い時は、熱いマテ茶を飲みながら火のそばで過ごす。雨がやむと仕事を始める。決して無理をしないのである。川の近くの家が水びたしになると、近くの安全な家で水が引くまで一緒に生活をする。それに対し気兼《きが》ねしたりはしない。しかたのないことだからだ。せっかくまいた種が雨で流されたり、日照りで、やっと育った苗《なえ》が枯《か》れて不安になったり悲しんだりするが、「しかたがない」と言い、「またまけばいいから」と言う。これを、ある人は「だから生活が向上しない」と言うし、ある人は「これでいいのだ」と言う。

私にはどちらとも言うことができないが、少なくとも、そこで彼らと一緒に生活していくうちに、③それがごくあたりまえに思えてきたことは事実だ。あたりまえのようにある自然を、あたりまえのように受けとめていた彼ら。

エデリラを出る時、「ケイコは、私の自慢《じまん》の娘《むすめ》だよ」と言ってくれたママ。走り出そうとする車につかまり、「ここはおまえの家だからいつでも帰っておいで」と大きな声で泣きながら言ってくれたパパ。あふれそうなほどの星たちとともに、決して忘れてはいけない私の歴史である。

雨の降る寒い日に、マテ茶を飲みながら、火のそばで彼らとともにじっと過ごしたことが、本当になつかしい。

（渡辺啓子《わたなべけいこ》『無医村の優しい人々』より。本文を一部省略したところがある）

問一 ――線①の理由を答えなさい。差がつく

問二 [　] に入る言葉として最も適当なものを、次の**ア**～**エ**から選びなさい。

ア 快活　**イ** 傲慢《ごうまん》　**ウ** 慎重《しんちょう》　**エ** 誠実

問三 ――線②の時の作者の気持ちとして最も適当なものを、次の**ア**～**エ**から選びなさい。重要

ア 彼らの気さくさや遠慮《えんりょ》のなさを身に付けたと感じた。

イ 構えることなく謙虚《けんきょ》にふるまえるようになったと感じた。

ウ 何事もあたりまえのように受け止める彼らのおおらかさを学べたと感じた。

エ 彼らに理解され認められる存在になったと感じた。

問四 ――線③が指す内容を答えなさい。

2 〈作者の思いを捉える〉

次の文章を読んで、あとの問いに答えなさい。

桃《もも》の花の咲《さ》き始める季節に、機会を得て、生まれ育った東北の街の郊外に広がる桃畑をたずねました。その桃畑のある郊外には子どものころほぼ半年住んで、すぐに引っ越《こ》し、以来四十五年が経《た》っての初めての再訪でした。幼い日々に短いあいだ暮らしたことのあるサクランボ畑や桃畑のある風景のあいだを、ゆきつもどりつ歩いたものの、さて、道も変わり、たたずまいも［A］変わった新しいばかりの街並みには、かつての幼い日々の記憶《きおく》の入口となるべきものが、もうまったくありません。

そのとき一学期のあいだだけ通った小学校のことも、写真一つなく、先生の名も級友の名も覚えていず、どこにも①思い出すよすがさえ、ないままでしたが、ただ、そのとき通学した小道は覚えていました。小道に沿って、小川が流れていました。その小川が、いまも流れていました。春の日差しを映す澄《す》んだ水の小川は、細かく光の粒《つぶ》を散らし、小さな流れがこっちにぶつかり、そっちにぶつかって、小道にならんでつづきます。わたしの思い出せた幼い日の記憶のすべては、その小さな川面《かわも》のかがやきです。

子どものころの記憶は、わたしの場合、いつでもどこかで川のある風景の記憶につながっていて、生まれたのは、三つの大きな川が合流する街。戦争のとき親元を離《はな》れて疎開《そかい》した山間《やまあい》の温泉町は、勢いゆたかに澄んだ水が流れてゆく疎水《そすい》の町。それから生まれた街にもどって卒業した小学校と中学校は、まだ渡《わた》し船の残っていた街なかの大きな川のほとりの学校で、春秋は川とともにありという感じ方を、わたしはいつかごく自然にそだてられました。

川の流れてゆくのを見にゆくのが、子どものわたしは好きでした。いまでも好きです。川は不思議です。川のうえにあるのはいつだって空で、川の流れをじっと見つめていると、わたしは川の流れがつくる川面を見つめているのですが、やがて、わたしが見つめているのは、同時に川面が映している空であるということに気づきます。

川は川であって、じつは川面に映る空でもあること。言いかえるなら、川は、たとえどんな小さな川であっても、みずからのうちにみずからの空をもっているということ。

川の流れを黙《だま》ってじっと見ていて、いつでも覚えるのはその不思議な感覚です。

川の流れの絶えることのない動きが映しているのは、いつだってじっとして動くことをしない空であり、流れ去るものがみずからのうちに映すものは、②いつだって変わらないものであるということ。

川の流れは、流れ去ってゆくと同時に、みずから映すものを、そこに残してゆきます。絶えず変わりつづけながら、すこしも変わらないものが、川面のかがやきのなかにはある。川の流れをじっと見ていると、いつもあれほど囚《とら》われている時間の狭《せま》い感覚が消えていることに、ふとして気づきます。

川がそこにあれば、そこにはすべてが残っているというふうに感じるのは、川のある街にそだったものの感じ方かもしれませんが、それだけに、流れという言葉がふだんに比喩《ひゆ》としてつかわれるときの、安易なつかわれ方に、いまなお、なじむことができません。わけても時の流れといったように、流れという言葉が、［B］ものの比喩として語られると、それはちがうと思うのです。

流れ去るものは、流れ去ります。けれども、時について言えば、流れ去るということが時というものの本質なのではないと、わたしはずっと思ってきました。流れ去ってしまうもののうちにではなく、流れさってゆくものがそこに残す一瞬《いっしゅん》のような影像《えいぞう》のうちに、わたしたちにとって、時のもつ意味はあるのだ、と。ちょうどきれいに晴れ上がった日の、川面のかがやきのように。

（長田弘《おさだひろし》『子どもたちの日本』より）

問一 □**A**に入る副詞として最も適当なものを、次の**ア**～**エ**から選びなさい。

ア ゆっくり　**イ** ぼんやり

ウ すっかり　**エ** なんとなく

問二 ――線①と同じ意味を持つ言葉を、文中からぬき出しなさい。

問三 ――線②にあたるものとして最も適当なものを、次の**ア**～**エ**から選びなさい。

ア 澄んだ水　**イ** 川の流れ

ウ 川面に映る空　**エ** 川のある街

問四 □**B**に入る言葉として最も適当なものを、次の**ア**～**エ**から選びなさい。

ア 過ぎ去る　**イ** あと戻りする

ウ 変わらない　**エ** 勢いのある

問五 作者は「川面のかがやき」をどのようなものだと述べているか。八十字以上百字以内で答えなさい。差がつく

80

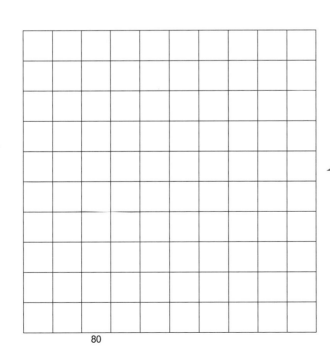

6 表現の理解

重要ポイント

① 指示語

□文章には、同じ言葉や言い回しが、何度か繰《く》り返し出てくることがある。そういう時、同じ言い方の反復を避《さ》けて、「これ」「その」などの語を用いることが多い。このように、ある言葉や言い回しの代わりに、その内容を直接に指し示す言葉を**指示語**という。いわゆる**こそあど言葉**である。

② 接続語

□前後の語句と語句、文と文、段落と段落などをつなぎ、その関係を示す言葉を**接続語**という。いわゆる**つなぎ言葉**である。

接続語には、接続詞のほか、接続助詞のついた語句、いくつかの単語が合わさってできた言葉などがある。

接続語には、次のような種類がある。

□① **順接《じゅんせつ》**…原因・理由となる前の内容と、その結果・結論となるあとの内容を、**順当につなげる**。

例 それで　だから　～ので

□② **逆接《ぎゃくせつ》**…前後の内容を、**対立・矛盾《むじゅん》する形で結びつける**。

テストではココがねらわれる

● **指示語の種類**

指示語を、指す内容と品詞によって分類すると、次のようになる。

指す内容	こ（近称）	そ（中称）	あ（遠称）	ど（不定称）	品詞
事物	これ	それ	あれ	どれ	名詞（代名詞）
場所	ここ	そこ	あそこ	どこ	
方向	こちら	そちら	あちら	どちら	
	こっち	そっち	あっち	どっち	
事物	この	その	あの	どの	連体詞
様子	こう	そう	ああ	どう	副詞
	こんなだ	そんなだ	あんなだ	どんなだ	形容動詞

● **指示語が指す内容の答え方**

指示内容は原則として、**指示語よりも前にある**。指示語を基点として前へさかのぼって探す。見当がついたら、**指示語の位置に当てはめてみて**、文の意味が通るかどうかを確かめる。

指示語の位置に当てはめてみた指示内容が、前後とうまくつながらない場合は、末尾《まつび》の表現を修正してみる。

例 しかし　けれど　ところが　だが

□ ③ **累加《るいか》・並立《へいりつ》**…前の内容にあとの内容を加えたり、並べたりする。

例 また　それから　さらに　しかも　そして

□ ④ **対比・選択《せんたく》**…前後の内容を比べたり、選んだりする。

例 または　あるいは　もしくは

□ ⑤ **説明・補足**…前の内容について、あとの内容で説明したり、補ったりする。

例 つまり　例えば　なぜなら　すなわち

□ ⑥ **転換《てんかん》**…前後の話題を変える。

例 ところで　さて

③表現技法

□ 表現技法は、文意や気持ちなどを強め、内容を効果的に表すために用いられるもので、比喩《ひゆ》（たとえ）や倒置《とうち》、対句《ついく》などがある。

□ ① **比喩（たとえ）**…ものごとを他のものごとにたとえて表す技法。印象を鮮明にし、述べようとすることを強調することができる。（↓下段参照）

□ ② **倒置**…語順を逆にして、意味を強める。

例 行こうよ。学校へ。

□ ③ **対句**…言葉の組み立てや意味が対応関係にある文・句を並べる。

例 言うは易《やす》く、行うは難《かた》し。

「〜こと」などを補うとよい。また、指示内容が長い場合、要点をまとめる。

◉おもな比喩の種類

・**直喩《ちょくゆ》（明喩《めいゆ》）**…「〜のようだ」などの説明語を用いてたとえる。

例 人生は旅のようだ。

・**隠喩《いんゆ》（暗喩《あんゆ》）**…「〜のようだ」などの説明語を用いず、直接たとえられるものとたとえるものとを結びつける。

例 人生は旅だ。

・**擬人法《ぎじんほう》**…人間でないものを人間にたとえる。

例 木の葉が舞《ま》い踊《おど》る。

重要ポイント確認問題

1 比喩《ひゆ》を理解する

□次の文章を読んで、あとの問いに答えなさい。

私はこの地方のもっとも幅の広いところを端から端まで横切っていった。歩きはじめて三日目に、いちだんと荒れ果てたところに出た。

見捨てられて①骸骨《がいこつ》のようになった村の端にキャンプを張ったが、前夜からもう水がなくなっていたので、どうしても見つけなければならなかった。スズメバチの古い巣のように崩《くず》れているとはいえ、②互《たが》いに寄り合った家々を見れば、昔は泉か井戸《いど》があったにちがいないと思えた。事実、泉をひとつ見つけたが、水はかれていた。五、六軒《けん》の家はもはや屋根もないため、風雨による傷《いた》みがひどく、小さな礼拝堂は塔《とう》が崩れ落ちていた。建物は③あたかも人が住んでいるように並んでいるものの、生活のにおいは全くなかった。

それは日がさんさんと照る六月の美しい日だった。［A］、さえぎるもの一つなくただ天を仰《あお》ぐこの高地では、たえがたいほどはげしい風が吹きまくり、骨組みのみが残った古屋にごうごうと吹《ふ》くその音は、④餌《えさ》にありついているところを邪魔された猛獣《もうじゅう》のうなり声のようだった。キャンプはたたまざるをえなかった。

しかし、⑤そこからさらに五時間歩いても水は見つからず、かすかな希望さえもてなかった。どこまでも乾ききっていて、かたい草が生えているだけなのである。

しばらくいくとどうも遠くに小さな黒いものが立っているようだった。木が一本だけ立っているのだろうか。ともかくいってみようと、私はそちらに歩きだした。

近づくと⑥それは羊飼いだった。まわりには三〇匹ほどの羊が焼け付くような地面

解説

問一 A 空欄の前後で内容が対立している。空欄の前は良い天候を思わせるが、空欄の後は悪い天候である。

B「水を飲ませてくれた。」その上「羊小屋に私をともなった。」のように、前の事柄に後の事柄を付け加えている。これを累加《るいか》と言う。「そして」は、この累加を表す接続詞である。

問二 ①のように「～ように」を使う比喩を「直《ちょく》喩《ゆ》」と言い、「～ように」を使わない比喩を「隠喩《いんゆ》」と言う。

問四 比喩は、もともとわかりやすくするために使われる。したがって、その比喩が何をたとえているかは、たいていすぐ前に書かれている。

問五 ⑤「そこ」というのであるから、答えは場所を表す言葉である。「私」はどこから来たのか。文字数に合わせて、探し出す。

⑥「それ」は、事物を指す。前にさかのぼって探そう。

に伏せていた。
羊飼いは瓢簞《ひょうたん》の水を飲ませてくれた。 B 、しばらくすると、起伏する高原のくぼみにある羊小屋に私をともなった。すぐわきに上質の水を底にたたえた深い天然の穴があり、手製の釣瓶《つるべ》で汲《く》み上げられるようになっていた。

（ジャン・ジオノ／原《はら》みち子《こ》訳『木を植えた人』より）

問一 □A・Bに入る語を次の**ア**〜**オ**から選びなさい。

ア だから　**イ** しかし　**ウ** または　**エ** そして　**オ** たとえば

A（　　）　B（　　）

問二 ——線①・②の比喩の種類について答えなさい。

① 「骸骨のように」と、「〜ように」を使ってたとえる方法を何というか。（　　）

② 「家々」が「互いに寄り合」うのように、人間でないものを人間にたとえる方法を何というか。（　　）

問三 ——線③を、別の言葉で言いかえなさい。（　　）

問四 ——線④は何の様子をたとえたものか。（　　）

問五 ——線⑤・⑥の指示する内容を、⑤は十六字、⑥は七字でぬき出しなさい。

⑤ □□□□□□□□□□□□□□□□

⑥ □□□□□□□

答

問一 A イ　B エ

問二 ① 直喩（明喩）　② 擬人法

問三 まるで（さながら）

問四 風の音

問五 ⑤ 見捨てられて骸骨のようになった村
⑥ 小さな黒いもの

基礎問題

▼答え 別冊 p.10

〈表現を理解して読む〉

1 **次の文章を読んで、あとの問いに答えなさい。**

　私の場合、とくに専門分野に通じているわけでもありませんから、私自身の目の位置というのは、つねに①「普通《ふつう》の人」と同じところにあります。政治家や有名人にインタビューをするときも、普通の人が感じているような疑問、ぜひ聞いてみたいと思っていることを、代表してたずねるわけです。自分や家族の幸せがずっとつづいていくように、身の回りの安全や社会の公正さ、そして世界の平和をも願ってつつましく暮らす、普通の二十代後半の女性であるということ、その位置からこの世の中のあらゆる出来事を見て、怒り、悲しみ、喜び、期待し、［A］世の中からいかに勇気づけられていくのかが、テレビで発する私のコメントとなっていくのです。その言葉が、どれだけ多くの人々の共感をよぶことができるかが、番組の人気を左右していくことになるのだと思います。

　もちろん、普通の人が考えることがいつも正しいとはいえないでしょう。［B］、いまの世の中では、議会での多数党の政治家や、社会的発言力のある人や組織などは、自分の考えにそって社会を動かしていくことができます。けれども、普通の人々は、数は多いが、意見を世に発表したり、②それで世の中を変えていく力を発揮するのは、大変難しいことではないでしょうか。だから、③そういった声をできるかぎり代表して、ときには政治家や時の人に質問をぶつけたり、④「私はこう感じるのだが、みなさんはどう思いますか」と多くの人に問いかける姿勢を持つことは、とても重要だと思うのです。ニュース番組の存在価値、生命線というのも、そのへんにあるのではないでしょうか。

　⑤自分はあのキャスターの意見には反対だ、という人も、当然出てくることでしょう。それもおおいに結構なことなのです。多くの人の前で私たちが意見や感想をのべるときには、それが起爆剤《きばくざい》となって多彩な意見が視聴者のなかにわき起こり、新たな討論の場ができることを、なかば期待しているからです。もちろん、公的な言論機関ですから、特定の政党や企業などをむやみに持ち上げたり、根拠《こんきょ》もないのに思い込《こ》みだけでこきおろしたりすることは、厳に慎《つつし》まなければなりません。意見を言う場合、かならず事実に立脚していることも、確認する必要があります。しかし、伝えられたニュースから何を感じ、新たな疑問として何が浮かびあがってきたのか、また今後は何をしっかり監視していくべきなのか、については、「私はこう感じた」とキャスターが［C］で語ることで、視聴者にも社会の動きがぐっと身近に感じられ、自分もいっしょに考えてみよう、という気持ちを起こさせるのではないかと思います。

（久和《くわ》ひとみ『私はニュースキャスター』より）

問一 ［　］A・Bに入る言葉を、次の**ア**～**オ**から選びなさい。

ア こうして　**イ** しかし　**ウ** また　**エ** ところで　**オ** たとえば

問二 [　　] Cに入る言葉を、次の**ア**～**ウ**から選びなさい。　A[　　]　B[　　]

ア 一人称　**イ** 二人称　**ウ** 三人称

[　　]

問三 ――線①・④の「　」（カギ）の働きの説明として最も適当なものを、次の**ア**～**オ**からそれぞれ選びなさい。（ミス注意）

ア 会話であることを表す。

イ 心の中の思いであることを表す。

ウ 慣用句・ことわざや他の文章からの引用文であることを表す。

エ 作品名を表す。

オ 読者にとくに注目させたい語であることを表す。

①[　　]　④[　　]

問四 ――線②の指示する内容を答えなさい。（重要）

[　　]

問五 ――線③とはどのような声か、答えなさい。

[　　]

問六 ――線⑤の理由を答えなさい。

[　　]

問七 本文の内容と合わないものを、次の**ア**～**エ**から選びなさい。

ア 政治家などにインタビューをするとき、「私」は普通の人と同じ視線に立つことを心がけている。

イ ニュースキャスターのコメントが、どれだけ視聴者に共感を得るかが、番組の人気を左右する。

ウ テレビは公共的な機関なので、特定の政党や企業の意見をアピールするように努めている。

エ キャスターが自分の考えを語ることで、視聴者に社会のできごとを身近に感じてもらえる。

[　　]

2 〈表現技法の確認〉

次の各文の――線部に用いられている表現技法として最も適当なものを、それぞれあとのア～キから選びなさい。（重要）

(1) 晴れている、今日は。

(2) 陽子さんは、クラスの花だ。

(3) まるでダイヤモンドのように美しく輝《かがや》いた。

(4) 達夫君は、何度も何度も教科書を音読した。

(5) 夜空で星がまばたきしている。

(6) 夏の暑いときも、冬の寒いときも休まず練習を続けた。

(7) 今回のテストで一番頑張《がんば》った科目は、数学。

ア 倒置《とうち》　**イ** 直喩《ちょくゆ》　**ウ** 対句　**エ** 反復

オ 隠喩《いんゆ》　**カ** 擬人《ぎじん》法　**キ** 体言止め

(1)[　　]　(2)[　　]　(3)[　　]　(4)[　　]

(5)[　　]　(6)[　　]　(7)[　　]

▼答え　別冊 p.10

1

〈表現を理解して読む〉

次の文章を読んで、あとの問いに答えなさい。

「日本人は先生に対して、ずいぶんひどいことをしましたね。交《こう》換《かん》船の中止にしても国際法無視ですし、木槌《きづち》で指を叩《たた》き潰《つぶ》すにいたっては、もうなんて言っていいか。申しわけありません」

　ルロイ修道士はナイフを皿の上に置いてから、右の人差し指をぴんと立てた。指の先は天井をさしてぶるぶる細かくふるえている。また思い出した。ルロイ修道士は、「こら」とか、「よく聞きなさい」とか言うかわりに、右の人差し指をぴんと立てるのが癖《くせ》だった。

「総理大臣のようなことを言ってはいけませんよ。だいたい日本人を代表してものを言ったりするのは傲慢《ごうまん》です。それに日本人とかカナダ人とかアメリカ人といったようなものがあると信じてはなりません。一人一人の人間がいる、それだけのことですから」

「わかりました」

　わたしは右の拇指《おやゆび》をぴんと立てた。これもルロイ修道士の癖で、彼は、「わかった」、「よし」、「最高だ」と言うかわりに右の拇指をぴんと立てる。そのことも思い出したのだ。

「①おいしいですね、このオムレツは」

　ルロイ修道士も右の拇指を立てた。わたしは、ハテナと心の中で［A］を傾《かし》げた。おいしいと言うわりにはルロイ修道士に食欲がない。②ラグビーのボールを押し潰したような恰好《かっこう》のプレーンオムレツは、空気を入れればそのままグラウンドに持ち出せそうである。ルロイ修道士はナイフとフォークを動かしているだけで、オムレツをちっとも口へ運んではいないのだ。

「それよりも、わたしはあなたをぶったりはしませんでしたか。あなたにひどい仕打ちをしませんでしたか。［B］、していたなら、あやまりたい」

「一度だけ、ぶたれました」

　ルロイ修道士の、両手の人差し指をせわしく交差させ、打ちつけている姿が脳裏にうかぶ。③これは危険信号だった。この指の動きでルロイ修道士は、「おまえは悪い子だ」と怒鳴《どな》っているのだ。そして次はきっと平手打ちが飛ぶ。ルロイ修道士の平手打ちは痛かった。

「［C］ぶちましたか」

　④ルロイ修道士は悲しそうな表情になってナプキンを折り畳《たた》む。食事はもうおしまいなのだろうか。

「［D］、わたしたちは、ぶたれて当たり前の、ひどいことをしでかしたんです。高校二年のクリスマスだったと思いますが、無断で天使園を脱《ぬ》け出して東京へ行ってしまったのです」

　翌朝、上野へ着いた。有楽町《ゆうらくちょう》や浅草《あさくさ》で映画と実演を見て回り、夜行列車で仙台《せんだい》に帰った。そして待っていたのがルロイ修道士の平手打ちだった。「明後日《あさって》の朝、かならず戻ります。心配しないでください。探さないでください」という書き置きを園長室の壁に貼《は》りつけておいたのだが。

「ルロイ先生は一月間、わたしたちに［E］をきいてくれませんでした。平手打ちよりこっちのほうがこたえましたよ」

「そんなこともありましたねえ。あのときの東京見物の費用は、どうやってひねり出したんです?」

「⑤それはあのとき白状しましたが……」

「わたしは忘れてしまいました。もう一度教えてくれませんか」

「準備に三ヵ月はかかりました。先生からいただいた純毛の靴下だの、つなぎの下着だのを着ないでとっておき、駅前の闇市《やみいち》で売り払いました。鶏舎《けいしゃ》からニワトリを五、六羽持ち出して焼き鳥屋に売ったりもしました」

　ルロイ修道士はあらためて両手の人差し指を交差させ、せわしく打ちつける。ただしあのころとちがって、顔は笑っていた。

（井上《いのうえ》ひさし「握手」より）

問一　□　**A**・**E**には、体の一部を表す言葉が入る。それぞれ漢字一字で答えなさい。ミス注意

A	E

問二　□　**B**～**D**に入る言葉として最も適当なものを、次の**ア**～**カ**からそれぞれ選びなさい。

ア でも　**イ** おそらく　**ウ** やはり　**エ** もし
オ たとえば　**カ** およそ

B	C	D

問三　——線①・②に用いられている表現技法を、次の**ア**～**オ**からそれぞれ選びなさい。重要

ア 直喩《ちょくゆ》　**イ** 隠喩《いんゆ》　**ウ** 擬人《ぎじん》法　**エ** 倒置《とうち》
オ 体言止め

①	②

問四　——線②と同じ表現技法が使われている部分を、これ以前の本文よりぬき出しなさい。

問五　——線③・⑤が指す内容を、それぞれ答えなさい。重要

③	⑤

問六　——線④の様子を見た「わたし」の気持ちとして最も適当なものを、次の**ア**～**エ**から選びなさい。

ア 昔ルロイ修道士にぶたれたことに腹をたてている。
イ 食欲のないルロイ修道士の体調を心配している。
ウ 昔無断で脱け出したことを、いまさらながら反省している。
エ 悲しい表情のルロイ修道士をあわれんでいる。

実力アップ問題

◎制限時間40分　◎合格点70点　▼答え　別冊p.11

点

1 次の文章を読んで、あとの問いに答えなさい。

[1]「ものをつくるうえで大切なのは感性だ」というが、そもそも感性とは何なのか。日本人は漠然としたイメージだけで「感性」という言葉を大事にしすぎているように思う。何かわからないながらも、とにかく大事にしなくてはいけないと包み込んで①棚《たな》に上げてまつってしまい、結局、みんなその実体がわからないままになっている、そんな感じがある。

[2]「感性」という言葉でくくられているものを冷静に分析《ぶんせき》して整理していくと、[A]その人のもつ感覚的なものもあるが、それ以上に、その人の②バックボーンにあるものが基盤になっているのではないかと考えられる。作家としては、いつも自分で新しい発想をして、自分の力で創作しているという意識でやっている。[B]実際には、僕がつくる曲は、僕の過去の経験、知識、今までに出会い聴いてきた音楽、作曲家としてやってくることで手に入った方法、考えたこと、それらの蓄積などが基になって生まれてくるものだ。さまざまなかたちで自分の中に培《つちか》われてきたものがあるからこそ、今のような創作活動ができているわけだ。

[3] もし僕がクラシックを勉強してこなかったら、[C]ミニマル・ミュージック*に影響を受けていなかったら、つくる音楽のスタイルもいまとは異なるだろう。

[4]「創作は感性だ」「作家の思いだ」と言い切ってしまうほうが作家として格好がいいが、残念ながら自分独自の感覚だけでゼロからすべてを③創造するなんてことはあり得ない。とすると、僕は漠然とした感性なるもので創造をしているわけではないということになる。

[5] 作曲には、論理的な思考と感覚的なひらめきを要する。論理的思考の基になるものが、自分の中にある知識や体験などの集積だ。何を学び、何を体験して自分の血肉としてきたかが、論理性の根本にある。感性の九十五パーセントくらいは、実は④これなのではないだろうか。つまり、その論理性に基づいて思考していけば、あるレベルに達するものはいつでもできるはずだということになる。気分が乗った乗らないという次元に関係なく、きちんと仕事をしたらしたなりの成果を上げられる。だが、問題はそれさえあればものづくりができる、作曲ができるということではないところだ。肝心な要素は、残りの五パーセントの中にある。それが作り手のセンス。感覚的なひらめきである。創作にオリジナリティを与えるその人ならではのスパイスのようなもの。これこそが〝創造力の肝〟だ。

[6] ものづくりにおける核心は、やはり直感だと僕は思う。こっちの方向に行ったら何かおもしろいものができそうだというのは、直感が導くものだ。⑤直感の冴《さ》えが、作品をどれだけすばらしいものにできるか、よりクリエイティブなものにできるかというかぎを握っている。ところが、もっと突《つ》き詰《つ》めていけば、その直感を磨《みが》いているのも、実は自分の過去の体験である。ものをつくるというこ

とは、ここからここまでは論理性でここからが独自の感覚だと割り切れるようなものではなくて、自分の中にあるものをすべてひっくるめた＊カオス状態の中で向き合っていくことだ。論理や⑥理性がなければ人に受け入れてもらえるようなものはつくれないが、すべてを頭で整理して考えようとしても、⑦人の心を震《ふる》わせる音楽はできない。秩序《ちつじょ》立てて考えられないところで苦しんで、もがいて、必死の思いで何かを生み出そうとする。その先の、自分でつくってやろう、こうしてやろうといった作為《さくい》のようなものが意識からそぎ落とされたところに到達すると、人を感動させるような力をもった音楽が生まれてくるのだと思う。

7 論理性と感覚的直感との兼《か》ね合いを九十五パーセントと五パーセントといったが、これは僕自身が置かれている状況によっても感じ方が変わる。自分の勉強不足を感じて、もっといろんなことを見たり聴いたりして吸収して経験知を蓄えなければいけない、と痛感しているときにはそちらの比重が増して、「九十九パーセントくらいは蓄積がものをいうんじゃないか」と思う。逆に、作曲活動に入って苦しみ悩んでいるときには、「蓄積で書けりゃあ、苦労はしないよ。直感が大事なんだよ」という気分になる。絶えず揺《ゆ》れ動いているのだ。

（久石譲《ひさいしじょう》『感動をつくれますか?』より）

＊**ミニマル・ミュージック**＝音の動きを最小限に抑え、パターン化された音型を反復させる音楽。

＊**カオス状態**＝入りまじって区別がつかないさま。

問一 [ ] A～Cに入る言葉として最も適当なものを、それぞれ次の**ア**～**オ**から選びなさい。〈5点×3〉

ア しかし　**イ** あるいは　**ウ** そこで　**エ** それも　**オ** もちろん

A	B	C

問二 ――線①の意味として最も適当なものを、次の**ア**～**エ**から選びなさい。〈5点〉

ア 見つからない場所に隠《かく》して
イ 問題にせずそのままにして
ウ 他人に押しつけようとして
エ 尊いものとして毎日あがめて

問三 ――線②とは何か。その説明として最も適当なものを、次の**ア**～**エ**から選びなさい。〈10点〉

ア 今までに蓄積してきた知識や経験、考えたことなど
イ 自分の中にある漠然としたイメージや感覚的なもの
ウ 身に付けようと努力している新しい発想や表現方法
エ 自分独自の論理性と経験が基になる作り手のセンス

問四 ――線③「創造」・⑥「理性」の対義語を漢字で書きなさい。〈5点×2〉

③	⑥

問五 ――線④が指す内容を、文中より十七字でぬき出しなさい。〈10点〉

問六 5段落で、筆者は自分の考える感性について述べている。それを六十字以上七十字以内でまとめなさい。ただし、「ひらめき」「体験」「創作」という三つの言葉をすべて使い、「感性とは、～」に続く形で答えなさい。三つの言葉はどのような順序で使ってもよい。〈20点〉

感性とは、

60

問七 ――線⑤を、筆者はあるものにたとえている。それを文中から四字でぬき出しなさい。〈10点〉

問八 ――線⑦について説明した次の文の□に入る最も適当な言葉を、文中から八字でぬき出しなさい。〈10点〉

作品が人に受け入れられるには論理性が必要であるが、人の心を震わせる音楽は、こんな曲にしようと考える□がなくなった境地に達してできるものである。

問九 この文章に書かれていることとして最も適当なものを、次のア～エから選びなさい。〈10点〉

ア 作家が曲づくりに悩んでいるときは、今までに蓄えてきた経験知のみが役立つ。

イ 最近は、作曲家の論理的な思考より漠然としたイメージでつくられた作品が多い。

ウ 作曲家の最大の悩みは、自分の感性だけで自由に作品を作れないところにある。

エ 論理性と感覚的直感のどちらの比重が増すかは、作家の置かれている状況による。

2
章

現代の韻文

リズム(韻律)のある文章を「韻文《いんぶん》」という。

2章では、現代の韻文として、

詩・短歌・俳句の読み方を学習する。

7 詩

重要ポイント

①詩とは

□**詩**とは、作者の感動が、あるイメージと結び付いて、響《ひび》きのある言葉で表現されるものである。

②詩の表現技法

□詩には、**比喩《ひゆ》(たとえ)**・**押韻《おういん》**・**反復**・**対句《ついく》**・**倒置《とうち》**・**体言止め**などの表現技法が用いられる。これらによって、リズムを与《あた》えたり、感動を強めたりするので、表現技法の理解が大切になる。

③詩の種類

□詩を用語・形式・内容の上から分類すると、次のようになる。

①用語

・**文語詩《ぶんごし》**…文語(昔の言葉)で書かれた詩。

・**口語詩《こうごし》**…口語(現代の言葉)で書かれた詩。

②形式

・**定型詩**…音数に一定の決まりがある詩。七五調《しちごちょう》(七音・五音の繰《く》り返し)などがある。

テストではココがねらわれる

◉**詩を構成する要素**

詩を構成する要素について、特に次の点に注意する。

①**題名(表題)**…詩の主題を暗示的・象徴的《しょうちょうてき》に表すことが多い。

②**行**…行の切り方・止め方にどんな工夫がされているかを考える。

③**連《れん》**…区切れ目の行間が広く空けて示される、内容上のまとまりを連という。連ごとの内容と、連どうしの関係を読み取り、全体の展開・構成を明らかにする。

◉**詩の表現技法**

詩には、おもに次のような表現技法が用いられる。

①**比喩《ひゆ》(たとえ)**…何かにたとえて表すことによって、印象を鮮明《せんめい》にする。

②**押韻《おういん》**…一定の箇所《かしょ》に同じ音を置くことによって、リズムを生んだり、整えたりする。行の初めに同じ音を置くことを**頭韻《とういん》**、行の終わりに同じ音を置く

・**自由詩**…音数に一定の決まりがない詩。
・**散文詩**…短い語句ですぐに改行せず、普通《ふつう》の文章（散文）のように文を続けて書く詩。

③**内容**
・**叙情詩**《じょじょうし》…作者の心情が中心となる詩。
・**叙事詩**《じょじし》…歴史上のできごと・人物などが中心となる詩。
・**叙景詩**《じょけいし》…自然の風景が中心となる詩。

④読解の手順

□①**情景を捉**《とら》**える。**
詩に描《えが》かれている素材・背景をおさえる。

□②**構成を捉える。**
連《れん》ごとの内容を読み取り、各連の関係を考える。

□③**主題を捉える。**
題名（表題）やキーワードなどをもとに、作者が何に感動したのか、どんな思いを表そうとしているのかを考える。

□④**表現上の工夫を捉える。**
独特の表現技法・リズムに注意して読む。

ことを**脚韻**《きゃくいん》という。

③**反復（繰**《く》**り返し）**…同じ言葉、または多少変化させた言い方を繰り返すことで、リズムを生み、印象を深める。

④**対句**《ついく》…言葉の組み立てや意味が対応関係にある句を並べることによって、リズムを生み、印象を深める。

⑤**倒置**《とうち》…語順を逆にすることで意味を強め、印象を深める。

⑥**省略**…あるべきはずの言葉を省き、すべてを言い切らないことで、印象を深め、余韻《よいん》を残す。

⑦**体言止め・連用形止め**…行の終わりを体言（名詞）で止めたり、文を連用形でいったん止めることによって、余韻を残す。

◉**詩の種類**
用語・形式・内容の特徴《とくちょう》をおさえて、詩の種類を見分ける。用語の上では文語詩《ぶんごし》・口語詩《こうごし》、形式の上では定型詩・自由詩・散文詩に分けられる。詩の種類を表すときは、用語上の種類と形式上の種類とを合わせて、**文語定型詩・口語自由詩**などという。

1 詩の種類・表現技法を捉《とら》える

□次の詩を読んで、あとの問いに答えなさい。

岩が

吉野《よしの》弘《ひろし》

岩が　しぶきをあげ
流れに逆らっていた。
岩の横を　川上へ
強靱《きょうじん》な尾《お》をもった魚が　力強く
①ひっそりと　泳いですぎた。
逆らうにしても
それぞれに特有な
そして精いっぱいな
②仕方があるもの。
③魚が岩を憐《あわ》れんだり。
岩が魚を卑《いや》しめたりしないのが
いかにも爽《さわ》やかだ。
流れは豊かに
むしろ　卑屈《ひくつ》なものたちを
押《お》し流していた。

解説

表現技法に注意して、詩の感動・主題を捉えよう。詩にはいろいろな表現技法が用いられる。それらは、詩にリズムを与《あた》えたり、感動を強めたりする。

この詩では、豊かな川の流れが「卑屈なものたち」を押し流していくなかで、押し流されないものが二つ描《えが》かれている。一つは「岩」で、しぶきをあげながら流れに逆らっている。もう一つは「強靱な尾をもった魚」で、ひっそりと流れに反して川上に泳いでいく。それぞれに特有な精いっぱいの仕方で、川の流れに逆らっているのである。

問二 ②は「もの」という名詞で終わっている。
③は人間でない「魚」に人間の感情を持たせて表現している。

問一 この詩の種類として最も適当なものを、次の**ア**～**エ**から選びなさい。

ア 文語定型詩　**イ** 文語自由詩　**ウ** 口語定型詩　**エ** 口語自由詩　（　　）

問二 ——線①～③と同じ表現技法が用いられているものを、それぞれ次の**A**群のⅠ～Ⅲの詩の——線**a**～**c**から選びなさい。また、その表現技法の種類として最も適当なものを、それぞれ次の**B**群の**ア**～**カ**から選びなさい。

〔A群〕

Ⅰ 立った。立った。水の上。[a]
河童《かっぱ》がいきなりぶるるっとたち。
天のあたりをねめまわし。
それから。そのまま。
（草野《くさの》心平《しんぺい》「河童と蛙」より）

Ⅱ けれども　彼に
どうすることが出来《でき》ただろう
彼は　すんなり立って[b]
村の方を見ていた
（村野《むらの》四郎《しろう》「鹿」より）

Ⅲ はじめて小鳥が飛んだとき
森はしいんとしずまった
木々の小えだが手をさしのべた[c]
（原田《はらだ》直友《なおもと》「はじめて小鳥が飛んだとき」より）

〔B群〕 **ア** 擬態語《ぎたいご》　**イ** 擬声語《ぎせいご》　**ウ** 擬人法《ぎじんほう》　**エ** 倒置《とうち》
オ 連用形止め　**カ** 体言止め

① **A**（　　）**B**（　　）　② **A**（　　）**B**（　　）
③ **A**（　　）**B**（　　）

答

問一 エ

問二
① A b B ア
② A a B カ
③ A c B ウ

基礎問題

▼答え 別冊 p.13

1 〈構成を捉《とら》える・詩を鑑賞《かんしょう》する〉

次の詩を読んで、あとの問いに答えなさい。

幻《まぼろし》の花　石垣《いしがき》りん

庭に
今年の菊《きく》が咲《さ》いた。
子供のとき、
季節は目の前に
ひとつしか展開しなかった。
今は見える
去年の菊。
おととしの菊。
十年前の菊。
①遠くから
まぼろしの花たちがあらわれ
今年の花を
連れ去ろうとしているのが見える。
ああこの菊も！
②そうして別れる
私もまた何かの手にひかれて。

問一 この詩は五つの連《れん》からできている。第二・三・四・五連目の始めの行を、それぞれ行の番号で答えなさい。ミス注意

第二連［　　］　第三連［　　］　第四連［　　］　第五連［　　］

問二 ——線①・②の表現技法として最も適当なものを、それぞれ次の**ア**~**オ**から選びなさい。重要

ア 倒置《とうち**》　**イ** 対句　**ウ** 擬人法《ぎじんほう》　**エ** 直喩《ちょくゆ》
オ 擬声語《ぎせいご》　①［　　］　②［　　］

問三 3~5行目は、子供のどんな性質を表しているか。最も適当なものを、次の**ア**~**オ**から選びなさい。

ア 素直さ　**イ** 豊かさ　**ウ** 明るさ　**エ** 単純さ
オ のびやかさ　［　　］

問四 11行目「まぼろしの花たち」の説明として最も適当なものを、次の**ア**~**エ**から選びなさい。

ア 過去において咲いた花々
イ 過去において「私」と関わったものたち
ウ 未来において咲くであろう花々
エ 未来において「私」と関わるであろうものたち　［　　］

問五 2行目「今年の菊」と12行目「今年の花」との間には、どのような変化が見られるか。最も適当なものを、次の**ア**~**エ**から選びなさい。

ア 具体化されている　**イ** 内面化されている
ウ 類似化されている　**エ** 明確化されている　［　　］

2 〈詩を鑑賞する〉

次の詩とその鑑賞文を読んで、あとの問いに答えなさい。

天　　高見《たかみ》 順《じゅん》

どの辺からが天であるか
＊鳶《とび》の飛んでゐるところは天であるか
人の眼《め》から隠《かく》れて
こゝ《こ》に
静かに熟《う》れてゆく果実がある
おゝ《お》　その果実の周囲は既《すで》に天に属してゐる

＊**鳶**＝タカ目タカ科の鳥。トンビ。

〔鑑賞文〕

たった六行の短い詩ですが、大変深い思いのある詩です。天というのは空とは少し違《ちが》います。空という名詞は言ってみれば□ですが、天には抽象的《ちゅうしょうてき》な意味があって、空のように科学的な割り切りができないところがあると思います。古来、天とは神々の住むところであり、太陽も月も拝む対象であったわけですから。

この詩でうたわれている天は、人間の知恵《ちえ》のとどかないところ、非常に高みにあるところで、せいぜいおまけして鳶が飛んでいる辺りまで、しかし、秋になって熟れていく果実にも人の知恵のとどかない神秘を感じて、詩人は、熟れた果実のまわりもまた天に属しているといっているわけです。

（財部《たからべ》鳥子《とりこ》『詩の贈りもの12カ月（秋・冬）』より）

問一 詩に用いられている表現技法として最も適当なものを、次の**ア**～**エ**から選びなさい。**重要**

ア 倒置　**イ** 直喩
ウ 反復　**エ** 体言止め　［　　］

問二 □に入る言葉として最も適当なものを、次の**ア**～**エ**から選びなさい。

ア 観念的　**イ** 物理的
ウ 感覚的　**エ** 神秘的　［　　］

問三 ――線とあるが、どういうことか。鑑賞文の内容をおさえて、四十字以上五十字以内で答えなさい。

40

ヒント

詩の問題では、よく表現技法が問われる。それぞれの特徴《とくちょう》をしっかりおさえておこう。
また、作品の解説文・鑑賞文がそえられることもある。詩とそれらを読み比べて、両方から理解を深めるようにしよう。

▼答え　別冊 p.13

1 〈詩の種類・表現技法を捉《とら》える〉

次のA・Bの詩を読んで、あとの問いに答えなさい。

A　初恋　島崎藤村《しまざきとうそん》

まだあげ初《そ》めし前髪《まえがみ》の
林檎《りんご》のもとに見えしとき
前にさしたる*花櫛《はなぐし》の
花ある君と思ひけり

やさしく白き手をのべて
林檎をわれにあたへしは
薄紅《うすくれなゐ》の秋の実に
人こひ初めしはじめなり

わがこころなきためいきの
その髪の毛にかかるとき
たのしき*恋の盃《さかづき》を
*君が情《なさけ》に酌《く》みしかな

林檎畠《ばたけ》の樹《こ》の下《した》に
*おのづからなる細道は
誰《た》が踏《ふ》みそめし*かたみぞと
問ひたまふこそこひしけれ

***花櫛**＝造花で飾ったさし櫛。　***恋の盃**＝恋心。恋の喜び。
***君が情に酌みし**＝相手が自分の思いを受けてくれた。
***おのづからなる**＝自然にできた。
***かたみ**＝思い出すよりどころとなるもの。

B　レモン哀歌《あいか》　高村光太郎《たかむらこうたろう》

そんなにもあなたはレモンを待つてゐた
かなしく白くあかるい死の床《とこ》で
わたしの手からとつた一つのレモンを
あなたのきれいな歯が①がりりと嚙《か》んだ
*トパァズいろの香気《かうき》が立つ
その数滴《すうてき》の天のものなるレモンの汁《しる》は
②ぱつとあなたの意識を正常にした
あなたの青く澄《す》んだ眼《め》がかすかに笑ふ
わたしの手を握るあなたの力の健康さよ
あなたの③咽喉《のど》に嵐《あらし》はあるが
かういふ命の瀬戸ぎはに
*智恵子《ちゑこ》はもとの智恵子となり
④生涯《しやうがい》の愛を一瞬《いつしゆん》にかたむけた
それからひと時
昔*山巓《さんてん》でしたやうな深呼吸を一つして
あなたの機関はそれなり止まつた

⑤写真の前に挿《さ》した桜の花かげに
すずしく光るレモンを今日も置かう

＊トパァズ＝宝石の一種。黄玉《おうぎょく》のこと。　＊山巓＝山頂。
＊智恵子＝高村光太郎夫人。

問一　**A**・**B**の詩の種類として最も適当なものを、それぞれ次の**ア**～**エ**から選びなさい。重要

ア 文語定型詩　**イ** 文語自由詩
ウ 口語定型詩　**エ** 口語自由詩

A	B

問二　**A**の詩の内容として最も適当なものを、次の**ア**～**エ**から選びなさい。ミス注意

ア 少年時代に抱いた清らかな恋心を、一人静かに回想している。
イ 少年時代に体験した失恋の痛みを、一人静かに回想している。
ウ 少年時代にりんご畑で遊んだことを、なつかしがっている。
エ 少年時代を過ごしたのどかなりんご畑の情景を、なつかしがっている。

問三　――線①～③の表現技法として最も適当なものを、それぞれ次の**ア**～**エ**から選びなさい。重要

ア 擬態語《ぎたいご》　**イ** 擬声語《ぎせいご》　**ウ** 直喩《ちょくゆ》　**エ** 隠喩《いんゆ》

①	②	③

問四　――線③とは、どのような様子を表現したものか。最も適当なものを、次の**ア**～**エ**から選びなさい。

ア レモンの汁が咽喉に刺激を与《あた》えている様子。
イ 大声で歌いたい気持ちを抱いている様子。
ウ 相手に激しく頼り、救いを求めている様子。
エ 命の終わりに激しい呼吸をしている様子。

問五　――線④は何を示しているか。最も適当なものを、次の**ア**～**エ**から選びなさい。

ア あなたのきれいな歯ががりりと噛んだ
イ わたしの手を握るあなたの力の健康さよ
ウ 昔山巓でしたやうな深呼吸を一つして
エ あなたの機関はそれなり止まった

問六　――線⑤について、次の文の［　］**A**～**C**に入る言葉を、それぞれあとの**ア**～**エ**から選びなさい。差がつく

終わりの一行は、高村光太郎にとって［A］のおもいの象徴《しょうちょう》となっている。死という暗さが、一個のレモンによって「すずしく光る」かのように洗われている。死の間際に智恵子夫人がレモンを噛んだことは、光太郎にとっての［B］であったろう。それが「トパァズいろの香気」を立てたために、光太郎の［C］もすがすがしいものとなった。

ア 記憶　**イ** 救い　**ウ** 生別　**エ** 死別

A	B	C

8 短歌

重要ポイント

① 短歌とは

□ **短歌**とは、五・七・五・七・七の音数の**五句から成る定型詩**である。

短歌は、千三百年以上も昔から歌われ、親しまれてきた、日本の伝統的な文学である。

② 短歌の形式

上《かみ》の句			下《しも》の句	
初句（五音）	第二句（七音）	第三句（五音）	第四句（七音）	結句（七音）
○○○○○	○○○○○○○	○○○○○	○○○○○○○	○○○○○○○

短歌の基本形式

□ 五音の初句、七音の第二句、五音の第三句、七音の第四句、七音の結句から成る。全体で、**五句三十一音**である。前半の三つの句を**上の句**、後半の二つの句を**下の句**という。

テストではココがねらわれる

◉ 字余り・字足らず

音数が基本の五音または七音より多いことを**字余り**、少ないことを**字足らず**という。字余り・字足らずには、その部分の印象を深めたり、意味を強めたりするなどの効果がある。

例 瓶《かめ》にさす　藤《ふぢ》の花ぶさ　みじかければ（第三句（六音））
たたみの上に　とどかざりけり
〈字余り〉　正岡《まさおか》　子規《しき》

◉ 句切れ

意味の上から短歌の流れが切れることを**句切れ**という。初句の終わりで切れるならば**初句切れ**、以下順に、**二句切れ**、**三句切れ**、**四句切れ**である。結句の終わりまで切れなければ**句切れなし**となる。

また、句切れによって、次のようにリズムが決まる。

① **初句切れ・三句切れ…七五調《しちごちょう》**
② **二句切れ・四句切れ…五七調《ごしちちょう》**

例 街をゆき　子供の傍《そば》を　通る時

③短歌の表現技法

□短歌には、**枕詞《まくらことば》や比喩《ひゆ》（たとえ）**など、さまざまな表現技法が用いられる。

①**枕詞**…特定の言葉を導き出すために、その前に置く五音の言葉。調子を整え、短歌にふくらみを与《あた》える。

②**比喩（たとえ）**…ものごとを他のものごとにたとえて、印象を鮮明《せんめい》にする。

③**反復（繰《く》り返し）**…同じ言葉、または多少変化させた言い方を繰り返すことで、リズムを生み、意味を強める。

④**倒置《とうち》**…語順を入れかえることによって、意味を強め、印象を深める。

⑤**体言止め・連体形止め**…結句の最後を体言（名詞）・連体形で止めることによって、意味を強め、余韻《よいん》を残す。

④読解の手順

□①**声に出して、繰り返し読む。**

音読することで、短歌の**リズム**を感じ取る。

□②**情景を捉《とら》える。**

素材や背景をおさえ、情景を想像する。

□③**感動の中心を捉える。**

情景や句切れなどに注意して、作者の思いを読み取る。

□④**表現上の工夫を捉える。**

表現技法・リズム・用語の特徴《とくちょう》をおさえ、短歌の味わいを深める。

蜜柑《みかん》の香《か》せり　／　冬がまた来る　〈四句切れ〉

木下《きのした》　利玄《りげん》

第四句の末尾《まつび》の「香せり（＝香《かお》りがした）」が言い切りの形で、意味上の切れ目となる。

◉**おもな枕詞《まくらことば》**（【　】内は枕詞が導く言葉）

例 あしひきの【山】

くさまくら【旅】

たらちねの【母】

ひさかたの【光・天・空】

重要ポイント確認問題

1 形式を理解する

□次のA〜Eの短歌の中から、定型の三十一音でできている歌を二首選びなさい。また、それ以外の歌を何というか、答えなさい。

A 芋《いも》の葉にこぼるる玉のこぼれこぼれ子芋は白く凝《こ》りつつあらむ　長塚《ながつか》 節《たかし》

B ふるさとの柑子《かうじ》の山を歩めども癒《い》えぬなげきは誰《た》が与《あた》へけん　佐藤《さとう》 春夫《はるお》

C 曼珠沙華《まんじゅしゃげ》一《ひと》むら燃えて秋陽《あきび》つよしそこ過ぎてゐるしづかなる径《みち》　木下《きのした》 利玄《りげん》

D 父君よ今朝《けさ》はいかにと手をつきて問ふ子を見れば死なれざりけり　落合《おちあい》 直文《なおぶみ》

E 世をあげし思想の中にまもり来て今こそ戦争を憎む心よ　近藤《こんどう》 芳美《よしみ》

三十一音の歌（　・　）

それ以外の歌（　）

2 句切れを理解する

□次のA〜Fの短歌の中から、二句切れ・三句切れ・四句切れの歌を、それぞれ二首ずつ選びなさい。

A 街をゆき子供の傍《そば》を通る時蜜柑《みかん》の香《か》せり冬がまた来る　木下 利玄

B おりたちて今朝《けさ》の寒さを驚《おどろ》きぬ露《つゆ》しとしとと柿《かき》の落ち葉深く　伊藤《いとう》 左千夫《さちお》

C 秋晴れのひかりとなりて楽しくも実りに入らんくりもくるみも　斎藤《さいとう》 茂吉《もきち》

D あたらしく冬きたりけり鞭《むち》のごと幹ひびき合ひ竹群《たかむら》はあり　宮《みや》 柊二《しゅうじ》

E みづうみの氷は解けてなほ寒し三日月の影《かげ》波にうつろふ　島木《しまき》 赤彦《あかひこ》

F 信濃路《しなのぢ》はいつ春にならん夕づく日入りて*しまらく黄なる空の色　島木 赤彦

解説

1 短歌は、作者の感動を、原則として五・七・五・七・七の五句三十一音の言葉で表現した短い定型詩である。各句は、五・七の音数より多かったり少なかったりすることがあるが、多い場合を「字余り」、少ない場合を「字足らず」という。読みながら、音数を数えていこう。Aの短歌は「こぼれこぼれ」、Cの短歌は「秋陽つよし」、Eの短歌は「今こそ戦争を」で音数が合わなくなっている。

2 短歌では、意味のうえで、途中大きく切れることがある。これを「句切れ」という。句切れは、意味の上で、句点（。）をつけられるところにある。

3 短歌では、さまざまな表現技法（修辞《しゅうじ》）が用いられる。基本的な表現技法に慣れておこう。枕詞については、代表的なものを覚えておく必要がある。

＊しまらく＝しばらく。

二句切れ（　・　）　三句切れ（　・　）　四句切れ（　・　）

3 表現技法を捉《とら》える

□次の短歌の――線①～④に用いられている表現技法として最も適当なものを、それぞれあとのア～エから選びなさい。

A ①たらちねの母が釣《つ》りたる青蚊帳《あをがや》をすがしと寝《い》ねつたるみたれども　長塚　節

B 金色《こんじき》のちひさき鳥のかたちして②銀杏《いてふ》ちるなり夕日の岡《をか》に　与謝野晶子《よさのあきこ》

C 春の鳥な鳴きそ鳴きそ＊あかあかと外《と》の面《も》の草に③日の入る夕《ゆふべ》　北原白秋《きたはらはくしゅう》

D みちのくの母のいのちを④一目見ん一目みんとぞただにいそげる　斎藤　茂吉

＊な鳴きそ鳴きそ＝鳴いてくれるな鳴いてくれるな。

ア　倒置《とうち》　イ　体言止め　ウ　枕詞《まくらことば》　エ　反復

①（　）　②（　）　③（　）　④（　）

答

1
三十一音の歌＝B・D
それ以外の歌＝字余り

2
二句切れ＝D・F
三句切れ＝B・E
四句切れ＝A・C

3
①ウ　②ア
③イ　④エ

基礎問題

▼答え 別冊 p.14

1 〈表現技法・句切れを捉《とら》える〉

次のA～Dの短歌を読んで、あとの問いに答えなさい。

A やはらかに柳《やなぎ》あをめる
北上《きたかみ》の岸辺目に見ゆ
泣けとごとくに　　石川《いしかわ》 啄木《たくぼく》

B 白鳥《しらとり》は哀《かな》しからずや空の青海のあをにも染まずただよふ　　若山《わかやま》 牧水《ぼくすい》

C 水すまし流《なが》れにむかひさかのぼる汝《な》*がいきほひよ微《かす》かなれども　　斎藤《さいとう》 茂吉《もきち》

D 海恋《こひ》し潮《しほ》の遠鳴りかぞへては少女《をとめ》となりし父母《ちちはは》の家　　与謝野晶子《よさのあきこ》

＊**汝が**＝おまえの。

問一 Aの短歌には倒置《とうち》が用いられているが、それ以外にもう一首、倒置が用いられている短歌がある。その短歌をB～Dから選びなさい。 重要
［　　］

問二 Bの短歌の句切れとして最も適当なものを、次の**ア**～**エ**から選びなさい。 重要

ア 初句切れ　　**イ** 二句切れ
ウ 三句切れ　　**エ** 句切れなし
［　　］

問三 A～Dの短歌が歌っている心情として最も適当なものを、それぞれ次の**ア**～**エ**から選びなさい。 ミス注意

ア 小さい生物の、ひたむきな生命力を賞賛する気持ちを歌っている。
イ 色の対比を鮮明《せんめい》にだしながら、青春の悲しみと孤独《こどく》を歌っている。
ウ 聴覚《ちょうかく》でとらえられた、幼いころの故郷を回想して歌っている。
エ 遠く異郷にあって、故郷の春を切なく思い出して歌っている。

A［　　］ B［　　］ C［　　］ D［　　］

ヒント

1 短歌の問題では、まず、用いられている表現技法や句切れをおさえるようにしよう。

2 〈短歌を鑑賞《かんしょう》する〉

次の短歌の鑑賞文として最も適当なものを、あとのア～オから選びなさい。

幾山河《いくやまかは》＊越《こ》えさり行かば寂《さび》しさの＊終《は》てなむ国ぞ今日も旅ゆく　若山　牧水

＊**越えさり行かば**＝越えて旅を続けて行ったならば。
＊**終てなむ**＝つきてなくなってしまう。

ア 多くの山河を越えて、この寂しさが消える所まで、旅を続けて行こうという決意を表現している。
イ 自分の心の中に宿る寂しさや孤独感《こどくかん》を、旅をすることによって克服《こくふく》できた喜びを表現している。
ウ さすらいの旅の寂しさや孤独感を歌うとともに、この国の山河の多さを表現している。
エ さすらいの旅の寂しさを歌うとともに、心の中に宿る寂しさや孤独感を表現している。
オ 漂泊《ひょうはく》の人生を送った作者の、旅というものの疲労感《ひろうかん》や、果てしなさを表現している。

［　　］

3 〈短歌を鑑賞する〉

次の文章は、あとのア～ウの短歌のどれか一首の鑑賞文である。□には、その短歌の初句から結句までの中の一つの句がそのまま入る。どの短歌の鑑賞文かを考えたうえで、あてはまる句をぬき出しなさい。

作者は少年のころを懐《なつ》かしく思い出している。果てしない夢やあこがれにひたっている少年の様子が、□という比喩《ひゆ》表現によく表れている。

ア 病《や》める児《こ》はハモニカを吹《ふ》き夜に入《い》りぬもろこし畑《ばた》の黄なる月の出　北原《きたはら》　白秋《はくしゅう》
イ 霜《しも》やけの小さき手して蜜柑《みかん》むく我が子しのばゆ風の寒きに　落合《おちあい》　直文《なおぶみ》
ウ 不来方《こずかた》のお城の草に寝《ね》ころびて空に吸はれし十五の心　石川　啄木

［　　］

ヒント

3 短歌は、鑑賞文・解説文などがいっしょになって出題されることが少なくない。その場合は、短歌とそれらの文章をよく読み比べて、一方だけではわかりにくい部分を補いながら理解していくことが大切である。

標準問題

▼答え 別冊p.14

1 〈句切れを理解する〉

次のA～Fの短歌を読んで、あとの問いに答えなさい。

A 海恋《こひ》し潮《しほ》の遠鳴りかぞへては少女《をとめ》となりし父母《ちちはは》の家　与謝野晶子《よさのあきこ》

B 漂《ただよ》ひて来《き》し蝶《てふ》ひとつ塀際《へいぎは》の風のながれにしま＊し耐《た》へゐる　田谷《たや》鋭《えい》

C 白藤《しらふぢ》の花にむらがる蜂《はち》の音あゆみさかり＊てその音はなし　佐藤佐太郎《さとうさたろう》

D 飛びあがり宙にためらふ雀《すずめ》の子羽《は》たたきて見居《みを》りその揺《ゆ》る枝を　北原《きたはら》白秋《はくしゅう》

E くれなゐの二尺伸《の》びたる薔薇《ばら》の芽の針やはらかに春雨《はるさめ》のふる　正岡《まさおか》子規《しき》

F あかあかと一本の道とほりたりたまきはる＊我が命なりけり　斎藤《さいとう》茂吉《もきち》

＊**しまし**＝しばらく。
＊**あゆみさかりて**＝（私が）歩いて通りすぎると。
＊**たまきはる**＝「我」や「命」の枕詞《まくらことば》。

問一 Aの短歌は何句切れか。 重要

問二 B～Dの短歌について、次の(1)・(2)の問いに答えなさい。

(1) 倒置《とうち》の用いられている短歌を選びなさい。

(2) 次の鑑賞文《かんしょうぶん》にあてはまる短歌を選びなさい。

わきたつような激しい命の営みに心を揺さぶられたが、次の瞬間《しゅんかん》にはもう何事もなく時が静かに流れている。

(1)　(2)

問三 次の文章は、Eの歌についての鑑賞文である。［　］①～③に入る言葉として最も適当なものを、それぞれあとの**ア**～**エ**から選びなさい。 差がつく

この短歌は、病中の子規が室内から外をながめ、それを写生的によんだものである。作者の目は、［①］に強くあてられている。そして、［②］という言葉の意味を［③］にもひびかせて、全体として絵のような美しい情景を描《えが》き出している。

ア 春雨　**イ** 針　**ウ** 薔薇　**エ** やはらかに

①　②　③

問四 Fの短歌の鑑賞文として最も適当なものを、次の**ア**～**エ**から選びなさい。

ア たくましい情熱をともなった決意が、目の前の風景をとおして、ありありと感じられる歌である。

イ　動的なものと静的なものとの対比によって、さわやかさと解放感を感じさせる歌である。

ウ　対象の持つ生命力を、絵画の遠近法の手法を用いて、量感豊かに描き出している。

エ　のびやかに大きく歌い出し、対象を厳しくとらえて、心の緊張と不安感を描いている。

[　　]

2 〈表現技法を捉《とら》える〉

次のA〜Fの短歌を読んで、あとの問いに答えなさい。

A　ゆく秋の大和《やまと》の国の薬師寺《やくしじ》の塔《たふ》の上なる一ひらの雲　佐佐木信綱《ささきのぶつな》

B　みづうみの氷は解けてなほ寒し三日月の影《かげ》波にうつろふ　島木赤彦《しまきあかひこ》

C　いつしかに春の名残《なごり》となりにけり昆布干場《こんぶほしば》のたんぽぽの花　北原　白秋

D　＊つばくらめ飛ぶかと見れば消え去りて空あをあをとはるかなるかな　窪田空穂《くぼたうつぼ》

E　＊いちはつの花咲《さ》きいでて我《わが》目には今年ばかりの春行かんとす　正岡　子規

F　みづからの光のごとき明るさをささげて咲けりくれなゐの薔薇　佐藤佐太郎

＊**つばくらめ**＝つばめ。
＊**いちはつ**＝アヤメ科の植物。

問一　三句切れで、体言止めが用いられている短歌を、A〜Fから選びなさい。重要

[　　]

問二　厳しい自然の中の静寂《せいじゃく》な世界が最もよく表現されている短歌を、A〜Fから選びなさい。

[　　]

問三　次の文章は、A〜Fの短歌のどれか一首の鑑賞文《かんしょうぶん》である。[　　]には、その短歌の初句から結句までの中の一つの句がそのまま入る。どの短歌の鑑賞文かを考えたうえで、あてはまる句をぬき出しなさい。差がつく

　今年もこの花が咲いたが、次の年には再び見ることができないだろうという気持ちが[　　]という表現に込《こ》められている。そして、それが過ぎゆく季節を惜《お》しむ気持ちとともに作者の感慨《かんがい》となって、痛いほど読む者の心に迫《せま》ってくる。

[　　]

9 俳句

重要ポイント

① 俳句とは

□ **俳句**とは、五・七・五の音数の三句から成る**定型詩**である。

俳句は、音数が非常に短く、用いる言葉が少なく限られるため、省略が多く、最も必要なことに焦点《しょうてん》をしぼった表現になる。

② 俳句の形式

初句	第二句	結句
上《かみ》五《ご》（五音）	中《なか》七《しち》（七音）	下《しも》五《ご》（五音）
○○○○○	○○○○○○○	○○○○○

俳句の基本形式

□ 五音の初句、七音の第二句、五音の結句から成る。全体で、三句十七音である。初句を**上五**、第二句を**中七**、結句を**下五**（座五《ざご》）という。

テストではココがねらわれる

◉ 字余り・字足らず

音数が基本の五音または七音より多いことを**字余り**、少ないことを**字足らず**という。字余り・字足らずには、その部分の印象を深めたり、意味を強めたりするなどの効果がある。

◉ 句切れ

意味やリズムの上から俳句の流れが切れることを**句切れ**という。初句（上五《かみご》）の終わりで切れるならば**初句切れ**、第二句（中七《なかしち》）の終わりで切れるならば**二句切れ**である。このほか、第二句（中七）の途中《とちゅう》で切れる**句割れ**もある。

◉ 切れ字

切れ字は、作者の感動を強める働きをする。

・かな・や・よ・ぞ・か・もがな…助詞
・けり・ず・じ・ぬ・つ・らむ（らん）…助動詞の終止形
・け・せ・へ・れ…動詞の命令形の語尾《ごび》
・し…形容詞の終止形の語尾

③切れ字

□文が切れることを表す語を**切れ字**という。切れ字には、強調し、感動を深める働きがある。

④季語

□俳句の中で、季節を表す言葉を**季語**（季題）という。俳句には、その中に季語を一つ詠《よ》みこむというきまりがある。季語は、季節別に、新年・春・夏・秋・冬に分けられる。

⑤読解の手順

□①**声に出して、繰《く》り返し読む。**
音読することで、俳句のリズムを感じ取る。

□②**構成を捉《とら》える。**
切れ字に注意して、句切れをおさえる。

□③**情景を捉える。**
季語をおさえて季節をつかみ、情景を想像する。

□④**感動の中心を捉える。**
素材の取り合わせや切れ字をふくむ部分に注意して、作者の思いを読み取る。

□⑤**表現上の工夫を捉える。**
表現技法・リズム・用語の特徴《とくちょう》をおさえ、俳句の味わいを深める。

・いかに…副詞・感動詞

◉季語

俳句には季語（季題）を用いる原則があるが、どの季語が、どの季節なのかを判断する必要がある。季語は昔の暦《こよみ》（陰暦《いんれき》）での季節を表しているので、今の暦（陽暦）の感覚では季節を間違《まちが》いやすいものもある。

①季語の表す季節

1月～3月	4月～6月	7月～9月	10月～12月
春	夏	秋	冬

②季語の例

新年	春	夏	秋	冬
門松《かどまつ》　かるた　元旦《がんたん》　初春《はつはる》　若菜《わかな》	鶯《うぐいす》　梅　霞《かすみ》　残雪　卒業　蝶《ちょう》　燕《つばめ》　菜《な》の花 わらび　土筆《つくし》　雛《ひな》　藤《ふじ》　山吹《やまぶき》　雪解け	紫陽花《あじさい》　暑さ　鮎《あゆ》　うちわ　炎天　甲虫《かぶとむし》　雷《かみなり》 新緑《しんりょく》　田植え　短夜《みじかよ》　蛍《ほたる》　時鳥《ほととぎす》　夕立　更衣《ころもがえ》	朝顔　天《あま》の川　稲刈《いねかり》　菊《きく》　鈴虫《すずむし》　台風　月 野分《のわき》　紅葉《もみじ》　夜長《よなが》　案山子《かかし》　コスモス　七夕《たなばた》	兎《うさぎ》　落葉《おちば》　風邪《かぜ》　こたつ　小春《こはる》　山茶花《さざんか》 寒さ　除夜《じょや》　水仙《すいせん》　雪　蜜柑《みかん》　大根《だいこん》　節分《せつぶん》

◉自由律俳句・無季俳句

俳句の中には、五・七・五の定型にとらわれない自由律俳句や、季語のない無季俳句もある。

重要ポイント確認問題

1 リズムを捉《とら》える

□次のA～Hの俳句を、定型律（五・七・五の三句十七音）と自由律（定型にとらわれない形式）の句に分けなさい。

A 雪残る頂《いただき》一つ国境《くにざかひ》　正岡《まさおか》子規《しき》
B 空を歩む朗々《らうらう》と月ひとり　荻原井泉水《おぎわらせいせんすい》
C 外《と》にも出よ触《ふ》るるばかりに春の月　中村《なかむら》汀女《ていじょ》
D 火の山の裾《すそ》に夏帽《なつぼう》振《ふ》る別れ　高浜《たかはま》虚子《きょし》
E 肩《かた》に来て人なつかしや赤とんぼ　夏目《なつめ》漱石《そうせき》
F 小牛は何もなき冬田を眺《なが》めハタと走り止みたる　中塚一碧楼《なかつかいっぺきろう》
G 大空のました帽子かぶらず　尾崎《おざき》放哉《ほうさい》
H 分け入《い》つても分け入つても青い山　種田山頭火《たねだ さんとうか》

定型律（　　　）　自由律（　　　）

2 句切れを捉える

□次のA～Hの俳句を、初句切れ・二句切れ・句切れ・句割れの句に分けなさい。

A 花散るや耳ふつて馬のおとなしき　村上《むらかみ》鬼城《きじょう》
B 花衣《はなごろも》ぬぐやまつはる紐《ひも》いろいろ　杉田《すぎた》久女《ひさじょ》
C 春風や闘志《とうし》いだきて丘《をか》に立つ　高浜　虚子
D 小春日や石を噛《か》み居る赤蜻蛉《あかとんぼ》　村上　鬼城

解説

1 俳句は、五・七・五の三句十七音の形式をふまえた、世界でも珍《めずら》しい、短い定型詩である。五・七・五の定型律の句以外に、定型にこだわらない自由律の句もあるので注意しよう。

荻原井泉水・中塚一碧楼・尾崎放哉・種田山頭火などは、**自由律俳句**をめざした俳人として知っておくとよい。

2 俳句のように短い詩では、特に句の切れ目（句切れ）に注目し、そこに詠《よ》みこまれた感動を正しく捉えることが必要である。句切れには、初句切れ、二句切れのほかに、句の途中《とちゅう》で切れる句割れがある。

「や」「けり」などの**切れ字の位置**に着目する。句の途中で切れる句割れは、内容を注意深く読み取ることが必要である。また、切れ字、活用語の終止形・命令形のほか、体言などでも示されるので注意しよう。

Bの俳句の「花衣」は花見に着ていく華《はな》やかな着物である。それを一枚ずつ脱《ぬ》いでいくときに、いろいろな紐が着物にまつわりついたというのである。

3 季語には、直接的に季節を示す語だけでな

E　柿《かき》食へば鐘が鳴るなり法隆寺《ほうりゅうじ》　正岡　子規
F　きみ嫁《ゆ》けり遠き一つの訃《ふ》に似たり　高柳《たかやなぎ》　重信《しげのぶ》
G　炎天《えんてん》の遠き帆《ほ》やわがこころの帆　山口《やまぐち》　誓子《せいし》
H　七夕《たなばた》を流すや海に祈《いの》りつつ　大野《おおの》　林火《りんか》

初句切れ（　　　　）　二句切れ（　　　　）
句割れ（　　　　）

3 季語を捉える

□次のA～Eの俳句の中から季語をぬき出し、その季節として最も適当なものをそれぞれあとのア～オから選びなさい。

A　あをあをと空を残して蝶分《てふわか》れ　大野　林火
B　頂上や殊《こと》に野菊《のぎく》の吹《ふ》かれをり　原《はら》　石鼎《せきてい》
C　咳《せき》の子のなぞなぞあそびきりもなや　中村　汀女
D　ひつぱれる糸まつすぐや甲虫《かぶとむし》　高野《たかの》　素十《すじゅう》
E　大空に羽子《はね》の白妙《しろたへ》とどまれり　高浜　虚子

ア 春　イ 夏　ウ 秋　エ 冬　オ 新年

A（　　・　　）　B（　　・　　）
C（　　・　　）　D（　　・　　）
E（　　・　　）

く、おりおりの自然や人々の生活に関する言葉もはば広く用いられ、その俳句の季節感が凝縮《ぎょうしゅく》されている。季語の表す季節感を、しっかり理解しよう。

なお、季語の表す季節は、昔の暦《こよみ》（陰暦《いんれき》）を用いていたころの習慣を伝統にしているので、今の暦（陽暦）とは、およそ一か月のずれがあることに注意しよう。また、春・夏・秋・冬のほかに新年もある。

答

1　定型律＝A・C・D・E
自由律＝B・F・G・H

2　初句切れ＝A・C・D・F
二句切れ＝E
句割れ＝B・G・H

3　A 蝶・ア　B 野菊・ウ
C 咳・エ　D 甲虫・イ
E 羽子・オ

▼答え 別冊p.15

1 〈季語を捉《とら》える〉

次のA・Bの俳句と同じ季節を詠《よ》んだものを、それぞれあとのア〜コから二句ずつ選び、その季節を答えなさい。 重要

A 万緑《ばんりょく》の中や吾子《あこ》の歯生え初《そ》むる　中村草田男《なかむらくさたお》

B をりとりてはらりとおもきすすきかな　飯田蛇笏《いいだだこつ》

ア スケートの紐《ひも》結ぶ間も逸《はや》りつつ　山口誓子《やまぐちせいし》

イ 春風や闘志《とうし》いだきて丘《をか》に立つ　高浜虚子《たかはまきょし》

ウ 赤とんぼ筑波《つくば》に雲もなかりけり　正岡子規《まさおかしき》

エ いくたびも雪の深さを尋《たづ》ねけり　正岡子規

オ 五月雨《さみだれ》や起き上《あが》りたる根無草《ねなしぐさ》　村上鬼城《むらかみきじょう》

カ バスを待ち大路《おほぢ》の春をうたがはず　石田波郷《いしだはきょう》

キ 滝《たき》落ちて群青世界《ぐんじゃうせかい》とどろけり　水原秋桜子《みずはらしゅうおうし》

ク 桐一葉《きりひとは》日当たりながら落ちにけり　高浜虚子

ケ 故郷《ふるさと》やどちらを見ても山笑ふ　正岡子規

コ 木《こ》がらしや目刺《めざし》にのこる海の色　芥川龍之介《あくたがわりゅうのすけ》

A［　　］［　　］ 季節［　　］

B［　　］［　　］ 季節［　　］

2 〈表現技法・情景を捉える〉

次のA〜Fの俳句を読んで、あとの問いに答えなさい。

A 白牡丹《はくぼたん》といふといへども紅《こう》ほのか　高浜虚子

B 流氷や宗谷《そうや》の門波《となみ》荒れやまず　山口誓子

C 啄木鳥《きつつき》や落葉《おちば》をいそぐ牧の木々　水原秋桜子

D 芋《いも》の露《つゆ》連山影《かげ》を正しうす　飯田蛇笏

E しづかなる力満ちゆき螇蚸《はたはた》とぶ　加藤楸邨《かとうしゅうそん》

F 外《と》にも出よ触《ふ》るるばかりに春の月　中村汀女《なかむらていじょ》

問一 字余りの俳句を、A〜Fからすべて選びなさい。 重要 ［　　］

問二 体言止めが用いられている俳句を、A〜Fからすべて選びなさい。 重要 ［　　］

問三 次のア〜エの鑑賞文《かんしょうぶん》にあてはまる俳句を、それぞれA〜Fから選びなさい。

ア 近・遠の景観を描《えが》き、秋の清澄《せいちょう》さを表した句。

イ 対象に向かった、くい入るような目でとらえた美的感覚を感じさせる句。

ウ 人に呼びかけ命令する声がきこえるようで、作者の心の躍動《やくどう》が伝わってくる句。

エ 高原地帯の風光を印象画風に描き出している句。

ア［　　］ イ［　　］ ウ［　　］ エ［　　］

3 〈季語・切れ字を捉える〉

次のA〜Dの俳句を読んで、あとの問いに答えなさい。

A 木《こ》の芽してあはれ*此世《このよ》にかへる木よ　村上　鬼城

B 息の白さ豊かさ子等《こら》に及《およ》ばざる　中村草田男

C 青蛙《あをがへる》おのれもペンキ塗《ぬ》り立てか　芥川龍之介

D 寒雷《かんらい》やびりりびりりと真夜の*玻璃《はり》　加藤　楸邨

***あはれ**＝ものにふれて発した感動の声。ああ。

***玻璃**＝ガラス。ここでは窓ガラスのこと。

問一 A〜Dの俳句の季節を順に並べたものとして最も適当なものを、次の**ア**〜**エ**から選びなさい。重要

ア 春—冬—秋—夏

イ 春—冬—夏—冬

ウ 秋—春—夏—冬

エ 夏—冬—春—秋

[　　]

問二 Aの俳句から季語をぬき出しなさい。重要

[　　]

問三 Bの俳句の感動の中心として最も適当なものを、次の**ア**〜**エ**から選びなさい。

ア 冬の日に子供たちの息に感じる、生命力あふれる若さ。

イ 冬の日に子供たちの息に感じる、冷気の厳しさ。

ウ 子供たちの息に感じる、秋から冬への季節の移り変わり。

エ 子供たちの息に感じる、待ち望んだ春を迎《むか》える喜び。

[　　]

問四 Cの俳句から切れ字をぬき出しなさい。重要

[　　]

問五 Dの俳句の表現上の特色として最も適当なものを、次の**ア**〜**エ**から選びなさい。ミス注意

ア 擬声語《ぎせいご》を用い、雷《かみなり》を視覚でとらえている。

イ 擬人法《ぎじんほう》を用い、雷を聴覚《ちょうかく》でとらえている。

ウ 擬声語を用い、雷を聴覚でとらえている。

エ 擬人法を用い、雷を視覚でとらえている。

[　　]

ヒント

2 俳句は、鑑賞文・解説文などがいっしょになって出題されることも少なくない。俳句とそれらの文章をよく読み比べて、理解していくようにしよう。

3 俳句の問題では、まず、季語や切れ字などをおさえるようにしよう。

標準問題

1 〈季語・切れ字を捉《とら》える〉

次のA〜Dの俳句を読んで、あとの問いに答えなさい。

A　あはれ子の夜寒《よさむ》の床《とこ》の引けば寄る　中村《なかむら》汀女《ていじょ》
B　流れゆく大根の葉のはやさかな　高浜《たかはま》虚子《きょし》
C　残雪やごうごうと吹《ふ》く松の風　村上《むらかみ》鬼城《きじょう》
D　雀《すずめ》らも海かけて飛べ吹流《ふきなが》し　石田《いしだ》波郷《はきょう》

問一　次の①・②の鑑賞文《かんしょうぶん》にあてはまる俳句を、それぞれA〜Dから選びなさい。
①　同じ音の繰《く》り返しにより、大自然の力強さが感じられる。
②　広々とした大景のもつ明るさと小動物への愛情が感じられる。

①	②

問二　A・Cの俳句の季語と季節を、それぞれ答えなさい。重要

	季語	季節
A		
C		

問三　B・Cの俳句から切れ字をぬき出しなさい。重要

B	C

2 〈俳句を鑑賞《かんしょう》する〉

次の俳句とその鑑賞文を読んで、あとの問いに答えなさい。

A　葉桜の中の無数の空さわぐ　篠原《しのはら》梵《ぼん》

誰《だれ》もが知っている葉桜の風に揺《ゆ》れている様子。それらを「空さわぐ」ととらえたところにこの句の発見がある。ありふれた光景を、よく吟味《ぎんみ》された言葉を通過させることで新鮮《しんせん》にとらえ直すのも、詩《しい》歌《か》の一つの働き、役目だろう。

B　夕立や草葉をつかむ＊むら雀《すずめ》　与謝《よさ》蕪村《ぶそん》

こういう描写《びょうしゃ》を見ると、蕪村の才能の大きさと共に、俳句形式の利点をも思わずにはいられない。大自然の急激な変化を示す夕立と、大急ぎで草葉のかげに避難《ひなん》する無力な雀たち。句はその対比を表立っては言わず、雀のある姿態を一筆《ひとふで》描《が》きするだけである。俳句という詩形の短小さを心憎《こころにく》いほど生かしている句である。

（大岡信《おおおかまこと》『折々《おりおり》のうた』より）

＊**むら雀**＝群れをなしている雀。

問一　Aの俳句から、音《おん》のうえでリズムを与《あた》えている字がある。一字でぬき出しなさい。

▼答え　別冊p.16

問二 Bの俳句の句切れとして最も適当なものを、次のア～エから選びなさい。重要

ア 初句切れ　イ 二句切れ
ウ 句割れ　エ 句切れなし

問三 A・Bの俳句に共通する表現上の特徴《とくちょう》の説明として最も適当なものを、次のア～エから選びなさい。ミス注意

ア A・Bとも、秋を示す季語が使われている叙景句《じょけいく》である。
イ A・Bとも、切れ字が使われている字足らずの句である。
ウ A・Bとも、夏を示す季語が使われている定型句である。
エ A・Bとも、擬人法《ぎじんほう》が使われている季語のない句である。

問四 Aの俳句の「無数の空さわぐ」の表現のおもしろさとして最も適当なものを、次のア～エから選びなさい。差がつく

ア 葉桜の姿に子供たちの元気な声までも連想させている点。
イ 葉の動きを空の動きとして視点を変えてとらえている点。
ウ 葉桜を注意深く見て葉に映った無数の空を詠《よ》んでいる点。
エ 葉と葉の間から見える青空と雲の動く様を描《えが》いている点。

問五 ——線部で言おうとしていることとして最も適当なものを、次のア～エから選びなさい。

ア 大自然を描くだけではなく、人間との対比をも鮮《あざ》やかに描写できること。
イ 不必要なものを捨て去ることによって、農村の風景をも示唆《しさ》できること。
ウ 大自然と小さな生命を描いて、言葉以上のものを背後に暗示できること。
エ 実景を写しつつ、自然の趣《おもむき》と人間の悲しみを印象的に表現できること。

実力アップ問題

◎制限時間40分　◎合格点70点　▼答え　別冊p.17

点

1　次の詩を読んで、あとの問いに答えなさい。　〔岩手・改〕

大空への思慕《しぼ》

福田《ふくだ》　正夫《まさお》

空をさしている大樹、
①のびよ、その枝、その幹のごとく。

わが胸の奥にも、
大空への思慕がうめきながら、
②生の呼吸を忙《いそが》しくする。

ああ、光の消え行くような夕暗に、
わが③心の中の大樹はひっそりと立つ、
しずかにしずかにのびて行く、
わが正しき生命の影を地上に長く曳《ひ》いて。

（『星の輝《かがや》く海』より）

問一　この詩の形式を、次の**ア**～**オ**から選びなさい。　〈5点〉

ア　文語定型詩　**イ**　文語自由詩　**ウ**　口語定型詩
エ　口語自由詩　**オ**　口語散文詩

問二　――線①に使われている表現技法を、次の**ア**～**カ**からすべて選びなさい。　〈10点〉

ア　直喩《ちょくゆ》　**イ**　隠喩《いんゆ》　**ウ**　擬人法《ぎじんほう》　**エ**　枕詞《まくらことば》
オ　倒置《とうち》　**カ**　体言止め

問三　――線②とあるが、これはどのような様子を表しているか。最も適当なものを、次の**ア**～**エ**から選びなさい。　〈10点〉

ア　不本意な現状にいらだちを抑《おさ》え切れない様子。
イ　わき上がる思いに息苦しささえも感じる様子。
ウ　大きな不安を抱えて胸が張り裂《さ》けそうな様子。
エ　精神を集中させるために深呼吸している様子。

問四　――線③とあるが、これはどのようなものか。それを説明した次の文の□に入る言葉を、二十字以上三十字以内で答えなさい。　〈15点〉

「心の中の大樹」を取り巻く環境は、「光の消え行くような夕暗」ではあるが、「大樹」は、かすかな光を受けて「ひっそりと立」ち、「正しき生命の影を」静かに地上にのばしている、と描《えが》かれている。このことから、「心の中の大樹」は、[　　]意志を表している。

（20）

問五 この詩の表現について説明したものとして、最も適当なものはどれか。次の**ア**～**エ**から選びなさい。〈10点〉

ア 第一連の実景が第二、第三連のイメージに重ねられ、第三連で心の中の風景が印象的に表現されている。

イ 第一連から第三連へ変化する心情が、呼びかけや感動詞、倒置を用いながら直接的に表現されている。

ウ 句点によって各連が完結し、それぞれ独立したイメージにより描かれた情景が幻想的に表現されている。

エ 連を追うごとに行数が増え、情景のイメージが次第に鮮明《せんめい》になり、第三連では写実的に表現されている。

---

2 次の短歌と鑑賞文《かんしょう》を読んで、あとの問いに答えなさい。〔茨城・改〕

幼いころ、よく「影踏《かげふ》み」という遊びをした。鬼ごっこのバリエーションで、鬼は相手の影を踏む。踏まれたら、今度はその人が鬼。つまりその遊びにおいて影は、その人の一部分、あるいはそのものだった。

その肩にわが影法師触《ふ》るるまで歩み寄りふとためらひ止《や》みぬ　永井陽子《ながいようこ》

「その肩」の主が、誰《だれ》と書いていないので、さまざまな想像がかきたてられる。読む人によって、自由に世界は広げられる。たとえば、近づきがたいほど尊敬している相手。たとえば、なかなか心を開いてくれない生徒。あるいは、ひそかに恋心を寄せている相手……。

いずれにせよその人は、背を向けて立っている。近づきたい思いと、近づきがたい思いと。その葛藤《かっとう》のなかで作者は、そっと自分の影法師を、相手の肩に触れさせようとした。ここでの影法師は、「影踏み」のように、本人の一部分であり、さらには、魂《たましい》そのものといってもいいだろう。そういう「影」に思いを託《たく》したところが、まことに繊細《せんさい》で、震《ふる》えるような気持ちが伝わってくる。

そして結局、影を触れさせることさえできずに、作者は立ち止まってしまった。物理的にはかなり接近しているのに、[　　]な距離の気の遠くなるような遠さ。これはやはり、「肩に手を触れる」とか「声をかける」などの行動では表せないだろう。「影」の効いている一首だ。

（俵万智《たわらまち》『三十一文字のパレット2――記憶の色』より）

問一 ――線とあるが、このときの作者の気持ちを最もよく説明している一文を、鑑賞文《かんしょうぶん》中からぬき出しなさい。〈10点〉

問二 □に入る言葉として、最も適当なものを、次の**ア**〜**エ**から選びなさい。〈5点〉

ア 心理的　**イ** 論理的　**ウ** 現実的　**エ** 化学的

問三 鑑賞文の内容に合っているものとして、最も適当なものを、次の**ア**〜**エ**から選びなさい。〈10点〉

ア「止みぬ」ときっぱりと言い切ることで、作者の悲しみの深さを表している。

イ「その肩」の主をねたむ心情があるので、作者は「影」に肩をつけられない。

ウ ひそかな気持ちを「影」に託しているところに、作者の鋭敏《えいびん》さが感じられる。

エ「影法師」という言葉は、「その肩」の主と作者の親しさを表している。

3 次の俳句と鑑賞文を読んで、あとの問いに答えなさい。〔山形・改〕

家々や菜の花いろの燈《ひ》をともし　木下夕爾《きのしたゆうじ》

□の夕闇《ゆうやみ》のなか、家々はみな明かりを灯《とも》しています。窓から漏《も》れるその色は、周囲に群れ咲《さ》く菜の花の色を映したかのような温かみを感じさせます。その色のなかにあるそれぞれの家庭の団らんが、はっきりとみえてきます。

（石《いし》寒太《かんた》『よくわかる俳句歳時記』より）

問一 □に入る季節を漢字で答えなさい。〈5点〉

問二 この俳句に、言葉のつながりや意味のまとまりから切れ目をつけるとしたら、どこになるか。最も適当なところを、次の**a**〜**c**から選びなさい。〈10点〉

家々や a 菜の花いろの b 燈《ひ》を c ともし

問三 ――線の表現は、家々の何のどのような様子をたとえたものか。「家々の」という書き出しで、簡潔に答えなさい。〈10点〉

家々の

3章

古典

昔の時代から長い年月に渡って
読みつがれてきた作品を「古典《こてん》」という。
３章では、日本と中国の古典の
読み方を学習する。

⑩ 古文（散文）

重要ポイント

①古文とは

□**古文**とは、日本の古い時代（おもに江戸《えど》時代まで）の文章である。古文をジャンルで分類すると次のようになる。

・物語　・説話　・随筆《ずいひつ》　・日記　・紀行　・芸能
・和歌　・俳句　など

②歴史的仮名遣《かなづか》い

□古文に用いられる仮名遣いを、**歴史的仮名遣い**という。平安時代中《なか》頃《ごろ》の発音を基にしており、現代仮名遣いとは異なる書き方があるので注意する。

③古語

□古文で使われている言葉を**古語**という。古語は、次のように分けて考えることができる。

① **今と同じ意味の語**
② **今と違《ちが》う意味の語（古今《ここん》異義語）**
③ **今は使われない語（古文特有の語）**

テストではココがねらわれる

◉**古文の分類**

古文の作品は内容から次のように分けることができる。

ジャンル	おもな古文の作品名
物語	『竹取《たけとり》物語』『伊勢《いせ》物語』『源氏《げんじ》物語』『大鏡《おおかがみ》』『平家《へいけ》物語』
説話	『今昔《こんじゃく》物語集』『宇治拾遺《うじしゅうい》物語』
随筆《ずいひつ》	『枕草子《まくらのそうし》』『方丈記《ほうじょうき》』『徒然草《つれづれぐさ》』
日記	『土佐《とさ》日記』『更級《さらしな》日記』
紀行	『おくのほそ道』
芸能	能《のう》・狂言《きょうげん》・浄瑠璃《じょうるり》・歌舞伎《かぶき》
和歌	『万葉集《まんよう》』『古今《こきん》和歌集』『新古今和歌集』
俳句	松尾芭蕉《まつおばしょう》・与謝蕪村《よさぶそん》・小林一茶《こばやしいっさ》の俳句

◉**歴史的仮名遣《かなづか》い**

注意すべき歴史的仮名遣いには、次のようなものがある。

④古文の注意すべき用法

□①**省略**…文を作るのに必要な言葉が欠けることを省略という。主語を表す「が」「は」、目的語を表す「を」、主語・述語などが省略されることがある。

□②**係り結び**…係《けい》助詞「ぞ」「なむ」「や」「か」「こそ」を文中に用いるとき、文末を特定の活用形で結ぶことを係り結びという。

係助詞	結び	働き
ぞ なむ	連体形	強調
や か	連体形	疑問 反語
こそ	已然形《いぜんけい》	強調

例 面《おもて》を合はする者ぞ なき。〈強調〉

例 もと光る竹なむ一筋《ひとすじ》ありける。〈強調〉

例 人や ある。〈疑問〉

（誰《だれ》かいるか。）

例 いかでか知らむ。〈反語〉

（どうして知ろうか。いや、知らない。）

例 もののあはれは秋こそ まされ。〈強調〉

□③**接続助詞「ば」の用法**

・**未然形《みぜんけい》＋「ば」**…仮定の事柄《ことがら》を表す。

例 雨降らば、行かず。（もし雨が降れば、行かない。）

・**已然形《いぜんけい》＋「ば」**…確定の事柄を表す。

例 雨降れば、行かず。（雨が降るので、行かない。）

□④**「な〜そ」の用法**…禁止を表す。

例 な行きそ。（行ってはいけない。）

---

①**今は使わない文字「ゐ」「ゑ」がある。**

例 ゐる（居る） こゑ（声）

②**語頭以外のハ行はワ行で発音する。**

例 かは（川） かひ（貝） いへ（家）

③**今と異なる字「ぢ」「づ」「を」を使うことがある。**

例 ぢめん（地面） みづ（水） をとこ（男）

④**「くわ」「ぐわ」は「か」「が」と発音する。**

例 くわじ（火事） ぐわんしょ（願書）

◉**省略**

①**主語を表す助詞の省略**

例 竹取《たけとり》の翁《おきな》といふものありけり。

（竹取の翁という者がいた。）

②**述語の省略**

例 せめては九国《くこく》の地まで〈乗セタマヘ〉。

（せめて九州の地までもお乗せください。）

重要ポイント確認問題

1 歴史的仮名遣《かなづか》いをおさえる

□次の各文の――線を現代仮名遣いに直しなさい。

(1) 竹取《たけとり》の翁《おきな》といふものありけり。（　　）
(2) よろづのことに使ひけり。（　　）
(3) さぬきのみやつことなむいひける。（　　）
(4) いとうつくしうてゐたり。（　　）
(5) 天人のよそほひしたる女、（　　）

2 省略された言葉を補う

□次の各文は、助詞が省略されている。補うとよい助詞を、それぞれあとのア～ウから選びなさい。

(1) その山、見るに、さらに登るべきやうなし。（　　）
(2) 金《こがね》・銀《しろかね》・瑠璃《るり》色の水、山より流れいでたり。（　　）
(3) それには、色々の玉の橋渡《わた》せり。（　　）

ア を　イ が　ウ は

3 係り結びを捉《とら》える

□次の各文の中から「係り」と「結び」をぬき出し、その意味を答えなさい。

(1) 面《おもて》を合はする者ぞなき。（　・　・　）

解説

1 仮名遣いについては、一定のきまりがある。ワ行のように今は使わない文字があったり、今と異なる字があったり、表記するとおりに読まないことがある。

2 (1)「山は」と補う。(2)「水が」と補う。(3)「橋を」と補う。

3 **係り結び**は、古文特有の言い方であるので、しっかりと覚えることが大切である。「ぞ」「なむ」「や」「か」「こそ」が出てきたら注意しよう。

4 「と言ふ」「と問ふ」「と答ふ」や「とて」などは**会話文を受ける目印**である。また、会話主が誰《だれ》なのかも確認してみるとよい。

5 「な～そ」で**禁止**を表し、「～てはならない・～な」と訳す。

6 似たような関係あるいは相対する関係になっている二語を探そう。ここは、どちらも「神」で対になっている言葉である。作品にもよるが、古文には対の表現が多く用いられる。

※各問題の現代語訳は別冊解答にある。

(2) これほどとこそ思はざりつれ。（　・　・　）

(3) 今日を最後とや思はれけん、（　・　・　）

(4) 家を並べてなむ住ませける。（　・　・　）

□ 4 会話文を捉える

次の各文中から、引用部分（会話文）をぬき出しなさい。

(1) さては大将軍に組めごさんなれと心得て、打ち物くき短《みじか》に取つて、（　　）

(2) これを見て、船より下りて、この山の名を何とか申すと問ふ。（　　）

(3) 女、答へていはく、これは、蓬莱《ほうらい》の山なりと答ふ。（　　）

□ 5 禁止表現を捉える

次の文の中から、禁止の表現をぬき出しなさい。

能登殿《のとどの》、いたう罪な作りたまひそ。さりとてよき敵《かたき》か。（　　）

□ 6 対《つい》になっている言葉を捉える

次の文の中から、対になっている言葉をぬき出しなさい。

白河《しらかは》の関越《せきこ》えんと、そぞろ神の物につきて心をくるはせ、道祖神《だうそじん》の招きにあひて、取るもの手につかず、（　・　）

答

1 (1) いうもの (2) よろずのこと (3) いいける (4) いたり (5) よそおいしたる

2 (1) ウ (2) イ (3) ア

3 (1) **係り**＝ぞ **結び**＝なき **意味**＝強調 (2) **係り**＝こそ **結び**＝つれ **意味**＝強調 (3) **係り**＝や **結び**＝けん **意味**＝疑問 (4) **係り**＝なむ **結び**＝ける **意味**＝強調

4 (1) さては大将軍に組めごさんなれ (2) この山の名を何とか申す (3) これは、蓬莱の山なり

5 な作りたまひそ

6 そぞろ神・道祖神

1 〈古語の意味をおさえる〉

次の文章を読んで、あとの問いに答えなさい。

春はあけぼの。①やうやう白くなりゆく山ぎは、すこしあかりて、紫《むらさき》だちたる雲のほそくたなびきたる。

夏は夜。月のころは②さらなり、やみもなほ、蛍《ほたる》の多く飛びちがひたる。また、ただ一つ二つなど、ほのかに③うち光りて行くも④をかし。雨など降るもをかし。

問一 ――線①の意味として最も適当なものを、次の**ア**～**エ**から選びなさい。重要

ア やっと　**イ** だんだんと

ウ おだやかに　**エ** 急に　[　　]

問二 ――線②の意味を答えなさい。

[　　　　]

問三 ――線③とあるが、「うち光りて行く」ものを、文中からぬき出しなさい。

[　　　　]

問四 ――線④の意味として最も適当なものを、次の**ア**～**エ**から選びなさい。重要

ア 不思議である　**イ** 悲しい

ウ 趣《おもむき》がある　**エ** 上品である　[　　]

▼答え 別冊 p.19

問五 この文章の作品名と作者名を答えなさい。ミス注意

作品名[　　　　]

作者名[　　　　]

2 〈歴史的仮名遣《かなづか》い・古語の意味をおさえる〉

次の文章を読んで、あとの問いに答えなさい。

①かやうにて、御心《みこころ》を互《たが》ひになぐさめたまふほどに、三年《みとせ》ばかりありて、春のはじめより、かぐや姫《ひめ》、月の②おもしろう出《い》でたるを見て、つねよりも、もの思ひたるさまなり。

*ある人の、「月の顔見るは、*忌《い》むこと」と*制しけれども、ともすれば、*人間《ひとま》にも、月を見ては、③いみじく泣きたまふ。

（『竹取《たけとり》物語』より）

*__ある人の__＝お付きの人が。
*__忌むこと__＝不吉なことですよ。
*__制しけれども__＝とめたのだが。
*__人間にも__＝人の目につかない間にも。

問一 ――線①を現代仮名遣いに直しなさい。重要

[　　　　]

問二 ――線②の意味として最も適当なものを、次の**ア**～**エ**から選びなさい。

ア 不吉な様子で　イ 楽しい様子で
ウ 趣深い様子で　エ つまらない様子で　［　　］

問三 ——線③の主語は誰《だれ》か。次の**ア**～**エ**から選びなさい。
ア 作者　イ かぐや姫　ウ ある人　エ 読者　［　　］

問四 この文章の内容と合っているものを、次の**ア**～**エ**から選びなさい。　［　　］
ア かぐや姫は、月を見てはひどく泣いているお付きの人に対して、月を見ることをとめた。
イ かぐや姫は、お付きの人から月を見ることをとめられたが、月を見てはひどく泣いていた。
ウ お付きの人は、もの思いにふけるかぐや姫の姿を見ては、ひどく泣いていた。
エ かぐや姫は、もの思いにふけるお付きの人の姿を見ては、ひどく泣いていた。　［　　］

ヒント
2 古文の文章は、歴史的仮名遣いで書かれている。まず、この歴史的仮名遣いを現代仮名遣いに直せるように練習しておこう。

---

3 〈文脈を捉《とら》える〉
次の文章を読んで、あとの問いに答えなさい。

昔、男ありけり。その男、身を①えうなきものに思ひなして、「京にはあらじ、あづまの方《かた》に住むべき国求めに。」とて②行きけり。もとより友とする人、ひとりふたりしていきけり。

（『伊勢《いせ》物語』より）

問一 ——線①について、次の(1)・(2)の問いに答えなさい。
(1) 現代仮名遣いに直しなさい。 重要　［　　］
(2) 意味として最も適当なものを、次の**ア**～**エ**から選びなさい。　［　　］
ア すばらしいもの　イ 遊びずきなもの
ウ 不必要なもの　エ 病気がちなもの

問二 ——線②について、次の(1)・(2)の問いに答えなさい。
(1) 誰が行ったのか。文中から一字でぬき出しなさい。　□
(2) どこに行ったのか。文中から五字でぬき出しなさい。　□□□□□

ヒント
3 古文では主語や助詞が省略されることが多いので、ひとつひとつ主語や助詞などをおさえながら読んでいこう。

▼答え 別冊 p.20

1 〈歴史的仮名遣《かなづか》いをおさえる・会話文を捉《とら》える〉

次の文章を読んで、あとの問いに答えなさい。

仁和寺《にんなじ》にある法師、年寄るまで*石清水《いはしみづ》を拝まざりければ、*心うく覚えて、あるとき思ひたちて、ただ一人、*かちより詣《まう》でけり。極楽《ごくらく》寺《じ》・高良《かうら》などを拝みて、かばかりと心得て帰りにけり。

さて、*かたへの人にあひて、「①年ごろ思ひつること、果たしはべりぬ。聞きしにも過ぎて、尊くこそおはしけれ。そも、まゐりたる人ごとに山へ登りしは、何事かありけん、*ゆかしかりしかど、神②へまゐるこそ本意《ほい》なれと思ひて、山までは見ず。」とぞ③言ひける。

少しのことにも、*先達《せんだち》はあらまほしきことなり。

（『徒然草《つれづれぐさ》』より）

＊**石清水**＝石清水八幡宮《はちまんぐう》。　＊**心うく覚えて**＝残念に思われて。
＊**かちより**＝徒歩で。　＊**かたへの人にあひて**＝仲間に向かって。
＊**ゆかしかりしかど**＝（それを）知りたかったけれど。
＊**先達**＝案内者。

問一 ——線①の意味として最も適当なものを、次の**ア**〜**エ**から選びなさい。 ミス注意

ア 結婚適齢期《けっこんてきれいき》　**イ** 年齢　**ウ** 長年の間　**エ** 年老いて

問二 ——線②を現代仮名遣いに直しなさい。 重要

問三 ——線③「言ひける」とあるが、誰《だれ》が言ったのか。最も適当なものを、次の**ア**〜**エ**から選びなさい。

ア 仁和寺にある法師　**イ** かたへの人
ウ まゐりたる人　**エ** 作者

問四 この文章をとおして作者が述べようとしていることとして最も適当なものを、次の**ア**〜**エ**から選びなさい。 差がつく

ア 少しのことでも案内者はあってほしいものだ。
イ 一人で歩いて石清水まで詣《もう》でることが大切だ。
ウ 極楽寺・高良《こうら》などを拝んで満足すべきだ。
エ やりたいことは最後までやりとげるべきだ。

問五 この文章は『徒然草』に収められている。その作者を、次の**ア**〜**エ**から選びなさい。

ア 清少納言《せいしょうなごん》　**イ** 紫式部《むらさきしきぶ》　**ウ** 兼好《けんこう》法師　**エ** 松尾芭蕉《まつおばしょう》

2 〈係り結びを捉える〉

次の文章を読んで、あとの問いに答えなさい。

ころは二月十八日の*酉《とり》の刻《こく》ばかりのことなるに、をりふし北風激しくて、磯《いそ》打つ波も高かりけり。舟は、揺《ゆ》り上げ揺りすゑ漂《ただよ》へば、扇《あふぎ》もくしに定まらずひらめいたり。沖に平家、舟を一面に並べて見物す。①陸《くが》には源氏、*くつばみを並べてこれを見る。②いづれもいづれも晴れならずといふことぞなき。与一《よいち》目をふさいで、「南無《なむ》*八幡大菩薩《はちまんだいぼさつ》、我が国の神明《しんみょう》、*日光《にっこう》の権現《ごんげん》、*宇都宮《うつのみや》、*那須《なす》の湯《ゆ》泉大明神《ぜんだいみやうじん》、願はくは、あの扇の真ん中射させてたばせたまへ。これを射損ずるものならば、弓切り折り自害して、人に二度面《ふたたびおもて》を向かふべからず。いま一度本国へ迎へんとおぼしめさば、この矢はづさせたまふな。」と心のうちに③祈念《きねん》して、目を見開いたれば、風も少し吹《ふ》き弱り、扇も射よげにぞなつたりける。

（『平家《へいけ》物語』より）

*酉の刻＝午後六時ごろ。
*くつばみ＝手綱をつけるため、馬の口にかませる金具。くつわ。
*八幡大菩薩＝武家の守護神である「八幡神」の仏教的な呼び名。
*日光の権現＝栃木県日光市にある二荒山《ふたらさん》神社の祭神。
*宇都宮＝栃木県宇都宮市にある二荒山《ふたあらやま》神社の祭神。
*那須の湯泉大明神＝栃木県那須郡那須町にある湯泉神社の祭神。

問一 ——線①と対句になっている一文を、文中からぬき出しなさい。

問二 ——線②について、次の(1)・(2)の問いに答えなさい。

(1) 意味として最も適当なものを、次の**ア**〜**エ**から選びなさい。

ア だれもがあまり晴れがましい情景ではない。
イ すべてがたいへんに晴れがましい情景である。
ウ 毎日天気が晴れないということはない。
エ すべてのことが、良い方向に向かっている。

(2) 「係り」と「結び」をぬき出しなさい。 **重要**

(1)
(2) 係り　結び

問三 扇を射ることに対しての与一の強い決意が感じられる一文を探し、初めの五字をぬき出しなさい。

問四 ——線③とあるが、どんなことを祈ったのか。その具体的な部分を二十字以内で探し、初めの五字をぬき出しなさい。

11 和歌・俳句

重要ポイント

① 和歌

□中国から伝わった漢字ばかりの漢詩（唐歌《からうた》）に対して、日本古来の歌（**大和歌**《やまとうた》）を**和歌**という。

① **和歌の種類**…和歌を、基本となる音数（五音または七音）の組み合わせ方によって分類すると、次のようになる。

平安時代以降の和歌は、ほとんどが短歌である。

種類	音数の組み合わせ
片《かた》**歌**《うた》	五・七・七
旋《せ》**頭**《ど》**歌**《か》	五・七・七・五・七・七
長《ちょう》**歌**《か》	五・七・五・七……五・七・七
短《たん》**歌**《か》	五・七・五・七・七
仏足石《ぶっそくせき》**歌**《か》	五・七・五・七・七・七

② **和歌の表現技法**…和歌には、短い形式を生かし、より効果的な表現をするために、さまざまな表現技法が用いられる。

・**枕詞**《まくらことば》…特定の語を導き出すために、その前に置く五音の言葉。普通《ふつう》は訳し出さなくてよい。（↓下段参照）

テストではココがねらわれる

◉**和歌の句切れとリズム**

和歌の意味上の切れ目を句切れという。句切れによって、リズム（歌の調子）が決まる。

・五／七五七七…**初句切れ**
・五七五／七七…**三句切れ**
} **七五調**《しちごちょう》

・五七／五七七…**二句切れ**
・五七五七／七…**四句切れ**
} **五七調**《ごしちちょう》

◉**枕詞の例**

枕詞	導く言葉	枕詞	導く言葉
あかねさす	日・紫《むらさき》	くさまくら	旅
あしひきの	山	しろたへの	衣《ころも》・袖《そで》・雲
あづさゆみ	張る・春	たらちねの	母
あをによし	奈良《なら》	ちはやぶる	神
いはばしる	垂水《たるみ》	ぬばたまの	黒・夜
からころも	着る・袖《そで》	ひさかたの	光・天・空

・**序詞《じょことば》**…語調を整え、次の語を導き出す七音以上の言葉。

例 風《ふ》吹けば沖《おき》つ白波《しらなみ》たつた山夜半《よは》にや君がひとり越《こ》ゆらむ

〔「たつ」を導き出している〕

・**掛詞《かけことば》**…同音であることを利用して、一語に二重の意味をもたせる技法。

例 大江《おほえ》山いく野の道の遠ければまだふみも見ず天《あま》の橋立《はしだて》

〔「いく」は「行く」と「生野《いくの》」(地名)の掛詞

「ふみ」は「文《ふみ》」(手紙)と「踏《ふ》み」の掛詞〕

・**体言止め**…歌の最後を名詞(体言)で止める技法。

そのほか、**倒置《とうち》**・**対句《ついく》**・**本歌取《ほんかど》り**などがある。

② 俳句

□**五・七・五の音数から成る句を俳句**という。もとは、連歌《れんが》・俳諧《はいかい》の最初の「五・七・五」(発句《ほっく》)が独立したもので、江戸《えど》時代前期の松尾《まつお》芭蕉《ばしょう》の頃《ころ》に、大きく発展した。

① **季語(季題)**…連歌・俳諧では、発句に**季節を表す言葉**を詠《よ》みこむきまりがあり、俳句にも受けつがれている。この言葉を**季語(季題)**という。(→下段参照)

② **切れ字**…**文が切れることを表す語**を**切れ字**という。普通《ふつう》、切れ字のあるところに、感動が込《こ》められる。

切れ字の例	特徴《とくちょう》
かな・けり	句の最後にくる
や	句の途中《とちゅう》にくる

◉季語の例

春	夏	秋	冬
朧月《おぼろづき》 霞《かすみ》 東風《こち》 菫《すみれ》 蝶《てふ》 菜《な》の花 藤《ふぢ》	五月雨《さみだれ》 蟬《せみ》 田植ゑ 蛍《ほたる》 時鳥《ほととぎす》 夕立	天《あま》の川 雁《かり》 霧《きり》 秋刀魚《さんま》 七夕《たなばた》 月 露《つゆ》 野分《のわき》	落葉《おちば》 枯野《かれの》 小春《こはる》 時雨《しぐれ》 大根 雪

季語(季題)は**昔の暦《こよみ》(陰暦《いんれき》)の時代に成立したもの**なので、現代の暦(陽暦)とは約一か月のずれがある。注意しておこう。

◉俳句の句切れ

五・七・五をそれぞれ順に**上五《かみご》・中七《なかしち》・下五《しもご》(座五《ざご》)**という。

・上五の終わりで切れるもの…**初句切れ**

・中七の終わりで切れるもの…**二句切れ**

・中七の途中《とちゅう》で切れるもの……**句割れ**

1 和歌の表現技法を捉《とら》える

□次の和歌に用いられている表現技法として最も適当なものを、それぞれあとのア〜エから選びなさい。

(1) ひさかたの光のどけき春の日にしづ心なく花の散るらむ　紀《きの》友則《とものり》

(2) ほととぎすなくや五月《さつき》のあやめぐさあやめも知らぬ恋《こひ》もするかな　読人《よみびと》しらず

(3) 山ふかみ春とも知らぬ松の戸にたえだえかかる雪の玉水《たまみづ》　式子内親王《しょくしないしんのう》

(4) 花の色はうつりにけりないたづらにわが身世にふるながめせしまに　小野《おのの》小町《こまち》

ア 枕詞《まくらことば》　イ 序詞《じょことば》　ウ 掛詞《かけことば》　エ 体言止め

(1)（　　）(2)（　　）(3)（　　）(4)（　　）

2 和歌の句切れを捉える

□次の和歌は、それぞれ何句切れか。

(1) 人はいさ心もしらずふるさとは花ぞむかしの香《か》ににほひける　紀《きの》貫之《つらゆき》

(2) 駒《こま》とめて袖《そで》打ちはらふかげもなし佐野《さの》のわたりの雪の夕暮れ　藤原《ふじわらの》定家《さだいえ》

(3) 花さそふ比良《ひら》の山風吹《ふ》きにけりこぎゆく舟《ふね》の跡《あと》みゆるまで　宮《く》内《ない》卿《きょう》

(4) 玉の緒《を》よ絶えなば絶えねながらへば忍《しの》ぶることのよわりもぞする　式子内親王

(1)（　　）(2)（　　）(3)（　　）(4)（　　）

解説

1 (1)「光」を導き出すために「ひさかたの」という五音の言葉が使われている。
(2)「あやめ」を導き出すために、「ほととぎす…あやめぐさ」という前置きの言葉が使われている。
(3)結句が「玉水」という体言(名詞)で終わっている。
(4)「ふる」が「降《ふ》る」と「経《ふ》る」、「ながめ」が「長雨《ながめ》」と「眺《なが》め」を、それぞれ掛《か》けている。

2 句切れは、意味の上で切れ目となるところ、すなわち句点(。)をつけられるところにある。

3 季節を示す風物となる言葉を探してみよう。「卯の花」は初夏に咲く白い花である。

4 「や」「かな」「けり」は代表的な切れ字である。切れ字のあるところに作者の感動が詠《よ》まれているので、しっかりおさえよう。

※各問題の現代語訳は別冊解答にある。

3 俳句の季語を捉える

□次の俳句の季語と季節を、それぞれ答えなさい。

(1) 草の戸も住み替《か》はる代《よ》ぞ雛《ひな》の家　松尾《まつお》芭蕉《ばしょう》

(2) 荒海《あらうみ》や佐渡《さど》によこたふ天の河　松尾芭蕉

(3) 卯《う》の花に兼房《かねふさ》見ゆる白毛《しらが》かな　河合《かわい》曾良《そら》

(4) 五月雨《さみだれ》の降り残してや光堂《ひかりどう》　松尾芭蕉

(1)（　・　）(2)（　・　）

(3)（　・　）(4)（　・　）

4 俳句の切れ字を捉える

□次の俳句の中から、切れ字をぬき出しなさい。

(1) 夏草や兵《つはもの》どもが夢の跡《あと》　松尾芭蕉

(2) 不二《ふじ》ひとつうづみ残して若葉かな　与謝《よさ》蕪村《ぶそん》

(3) 大根《だいこ》引き大根で道を教へけり　小林《こばやし》一茶《いっさ》

(1)（　）(2)（　）(3)（　）

答

1 (1) ア (2) イ (3) エ (4) ウ

2 (1) 二句切れ (2) 三句切れ (3) 三句切れ (4) 二句切れ

3 (1) 雛・春 (2) 天の河・秋 (3) 卯の花・夏 (4) 五月雨・夏

4 (1) や (2) かな (3) けり

基礎問題

▼答え 別冊 p.22

1

〈三大和歌集をおさえる〉

次の表は、『万葉集《まんようしゅう》』『古今《こきん》和歌集』『新古今和歌集』についてまとめたものである。（　）①〜⑮に入る言葉として最も適当なものを、それぞれあとのア〜ナから選びなさい。ミス注意

	万葉集	古今和歌集	新古今和歌集
成立	（①）時代末期	（②）時代初期	（③）時代初期
歌風	（④）な感動が力強く生き生きと歌われている。	（⑤）的で（⑥）・繊細《せんさい》な歌が多い。	自然美や繊細な感情を（⑦）的に表現している。
特色	現存する日本最古の歌集	最初の（⑧）和歌集	（⑨）番目の（⑧）和歌集
代表的歌人	（⑩）（⑪）	（⑫）（⑬）	（⑭）（⑮）

ア 奈良《なら》　イ 平安《へいあん》　ウ 鎌倉《かまくら》　エ 室町《むろまち》　オ 素朴《そぼく》

カ 優美　キ 象徴《しょうちょう》　ク 技巧《ぎこう》　ケ 自撰《じせん》　コ 勅撰《ちょくせん》

サ 三　シ 五　ス 八　セ 十　ソ 紀貫之《きのつらゆき》

タ 柿本人麻呂《かきのもとのひとまろ》　チ 藤原定家《ふじわらのさだいえ》　ツ 松尾芭蕉《まつおばしょう》

テ 小野小町《おののこまち》　ト 山上憶良《やまのうえのおくら》　ナ 西行法師《さいぎょう》

①[　　] ②[　　] ③[　　] ④[　　]

⑤[　　] ⑥[　　] ⑦[　　] ⑧[　　]

⑨[　　] ⑩[　　] ⑪[　　] ⑫[　　]

⑬[　　] ⑭[　　] ⑮[　　]

2

〈和歌を読み取る〉

次の和歌を読んで、あとの問いに答えなさい。

A 田子《たご》の浦《うら》ゆうち出《い》でて見れば真白《ましろ》に①ぞ富士の高嶺《たかね》に雪は降りける　山部《やまべの》赤人《あかひと》

B 春過ぎて②夏来《きた》るらし白たへの衣干したり③天《あめ》の香具山《かぐやま》　持統《じとう》天皇

問一 ——線①は係《けい》助詞「ぞ」の古い形である。文中に「ぞ」が用いられると、それを受ける部分が連体形になるが、このようなきまりを何というか。重要

[　　　　]

問二 ——線①の結びの言葉をぬき出しなさい。重要

[　　　　]

問三 Aの和歌の作者がいる場所として最も適当なものを、次のア〜エから選びなさい。

[　　]

ア 田子の浦を通って富士の高嶺が見える見晴らしのいい場所。

イ 田子の浦と富士の高嶺の中間の見晴らしのいい場所。

ウ 田子の浦を見下ろす富士の高嶺の見晴らしのいい場所。

エ　田子の浦と富士の高嶺が両方とも見えるが、もやがかかっている場所。　[　　　]

問四　――線②を、助詞を補って現代語訳しなさい。
[　　　　　　　　]

問五　Bの和歌は何句切れか答えなさい。**重要**　[　　　]

問六　――線③に用いられている表現技法を何というか。答えなさい。**重要**　[　　　]

3 〈俳句を読み取る〉

次の文章を読んで、あとの問いに答えなさい。

山形領に立石寺《りふしゃくじ》といふ山寺あり。慈覚大師《じかくだいし》の*開基《かいき》にして、ことに*清閑《せいかん》の地なり。一見すべきよし、人々の勧《すす》むるによつて、尾花沢《をばなざは》よりとつて返し、その間《かん》七里ばかりなり。日いまだ暮れず。ふもとの*坊《ばう》に宿借り置きて、山上の堂に登る。岩に巌《いはほ》を重ねて山とし、*松《しょう》柏《はく》年旧《としふ》り、*土石《どせき》老いて苔滑《こけなめ》らかに、岩上の院々扉《とびら》を閉ぢて物の音聞こえず。*岸を巡《めぐ》り岩を這《は》ひて仏閣《ぶっかく》を拝し、*佳景寂寞《かけいじゃくまく》として心澄《す》みゆくのみおぼゆ。

閑《しづ》かさや岩にしみ入《い》る蟬《せみ》の声

（『おくのほそ道』より）

＊**開基**＝寺を創立すること。
＊**清閑**＝清らかで静かなこと。
＊**坊**＝お参りする人が泊《と》まる寺の宿泊所《しゅくはくじょ》。
＊**松柏**＝松・ひのきの類。
＊**土石老いて**＝土や石も年を重ねて。
＊**岸**＝がけ。
＊**佳景寂寞として**＝美しい景色が静まりかえっていて。

問一　静かな山寺の情景が描《えが》かれている一文をさがし、初めの三字をぬき出しなさい。ただし、俳句は除く。
□□□

問二　文中の俳句の季語と季節を答えなさい。**重要**　[　　　・　　　]

問三　この文章は『おくのほそ道』に収められている。その作者名と書かれた時代を答えなさい。
作者名[　　　]
時　代[　　　]

ヒント

1　文学史的な知識として、三大和歌集の特徴《とくちょう》をしっかりと覚えておこう。

3　短歌や俳句は古文の文章の中で問われることがある。短歌の表現技法や俳句の季語が問題の中心となるので、よく練習しておこう。

標準問題

▼答え 別冊 p.23

1 〈和歌の表現技法を捉《とら》える〉

次のA〜Cの和歌を読んで、あとの問いに答えなさい。

A 大江《おほえ》山いく野の道の①遠ければまだふみも見ず天《あま》の橋立《はしだて》
　　　小式部内侍《こしきぶのないし》

B 今来《こ》むといいしばかりに②長月《ながつき》の有明《ありあけ》の月を待ち出《い》でつるかな
　　　素性《そせい》法師

C 見渡《わた》せば花ももみぢもなかりけり浦《うら》のとまやの秋の夕暮《ゆふぐ》れ
　　　藤原《ふじわらの》定家《さだいえ》

問一 ――線①の意味として最も適当なものを、次の**ア**〜**オ**から選びなさい。

ア 遠いなら　**イ** 遠くても　**ウ** 遠いけれど
エ 遠いので　**オ** 遠くなく

問二 ――線②は陰暦《いんれき》何月のことか。次の**ア**〜**オ**から選びなさい。

ア 七月　**イ** 八月　**ウ** 九月　**エ** 十月　**オ** 十一月

問三 次の(1)・(2)にあてはまる歌を、A〜Cから選びなさい。　重要

(1) 掛詞《かけことば》を用いている歌。
(2) 三句切れになっている歌。

(1)
(2)

2 〈和歌の表現技法を捉える〉

次の文章を読んで、あとの問いに答えなさい。

A 秋来《き》ぬと目にはさやかに見えねども風の音にぞおどろかれぬる
　　　（古今《こきん》和歌集）

〔歌意〕秋が来たと目にははっきりとは見えないけれど、風の音に（秋が来たのだなあ）と気づかされたことだ。

B 吹《ふ》く風の色こそ見えね高砂《たかさご》の尾《を》の上《へ》の松に秋は来にけり
　　　（新古今和歌集）

〔歌意〕吹く風の色は見えないけれど、高砂（＝地名。松の名所）の峰《みね》の松には、確かに秋がやって来たことだ。

〔解説〕この二つの歌は、どちらも立秋（暦《こよみ》の上で秋になる日）を詠《よ》んだものです。

Aの和歌は、古今和歌集の秋の部の最初に載《の》せられている歌で、広く人々に親しまれてきました。

Bの和歌は、Aの和歌をもとに、それを取り入れながら、新しいものを加えて自分の歌として詠んだものです。このような歌の詠み方を本歌取《ほんかど》りといいます。

問一 Bの和歌の中で、係り結びを用いて強調しているのは第何句か。 重要

問二 次の表は、A・Bの和歌を対比してまとめたものである。□①・②に入る言葉を、それぞれ歌の中から三字以上、六字以内でぬき出しなさい。 差がつく

歌	秋のとらえ方の特徴	類似した表現		
A	目には見えない秋の到来を ① によって自然に感じ取っている。	秋来ぬと	見えね	風の音
B	高砂の峰の松を加え、そこに吹く風によって秋を感じとっている。	②	見えね	風の色

① 3
② 3

3 〈俳句の季語を捉える〉

次のA～Dの俳句を読んで、あとの問いに答えなさい。

A やれ打つな蠅《はへ》が手をすり足をする　小林《こばやし》一茶《いっさ》
B やせ蛙《がへる》まけるな一茶これにあり　小林一茶
C 大蛍《おほぼたる》ゆらりゆらりと通りけり　小林一茶
D 雀《すずめ》の子そこのけそこのけお馬が通る　小林一茶

問一 Aの俳句の季節を答えなさい。 重要

問二 ――線の解釈《かいしゃく》として最も適当なものを、次のア～エから選びなさい。

ア ここから見物していてやるからな。
イ ここに控《ひか》えて応援《おうえん》しているからな。
ウ ここにたくさん仲間がいるからな。
エ ここにいて審判《しんぱん》をしてやるからな。

問三 対象を見る作者の気持ちが他と異なる俳句を、A～Dから一句選びなさい。

問四 俳句の定型に従っていないものを、A～Dから選びなさい。

⑫ 漢文

重要ポイント

① 漢文・漢詩とは

□ **漢文・漢詩**とは、おもに中国の古い時代の人々が書いた古典の詩文である。漢文・漢詩は、早くから日本に伝わり、日本の文学に大きな影《えい》響《きょう》を与《あた》えた。

② 訓読《くんどく》

□ **日本語の文法・語順に従って、漢文を日本語ふうに読むこと**を**訓読《くんどく》**という。訓読をするためには、白文《はくぶん》(漢文の原文)に、訓点(**送り仮名・返り点・句読点《くとうてん》**)を付ける。

① **白文**…漢文の原文。送り仮名・返り点・句読点は付かない。

② **訓読文**…漢文を訓読するために必要な送り仮名・返り点・句読点を付ける。

③ **書き下し文**…送り仮名・返り点に従って、日本語の漢字仮名交じりの文に書き直す。

④ **現代語訳**…書き下し文を現代語(口語)に訳す。

テストではココがねらわれる

◉ **訓読のきまり**

訓読をする際の送り仮名と返り点の付け方には、次のようなきまりがある。

① **送り仮名**…用言の活用語尾《ごび》・助動詞・助詞などを補う。**歴史的仮名遣《かなづか》いの片仮名**で語の右下に付ける。

例 花　咲ク。(花咲《さ》く。)　吾《われ》　思フ。(吾思ふ。)

② **返り点**…下から上に返って、読む順序を示す記号で、語の左下に付ける。([1]・[2]・[3]は読む順序を示す。)

・**レ点**…下から上に**一字**返る時に用いる。

[1] [3]レ [2] [5]レ [4]。　[1] [2] [5]レ [4]レ [3]。

・**一・二点**…下から上に**二字以上隔《へだ》てて**返る時に用いる。

[1] [5]二 [2] [3] [4]一。　[1] [4]二 [2] [3]一 [5]。

・**上・下点**…**一・二点をはさんで**返る時に用いる。

一・二点の付いている句を先に読んでから、上点・下点の順に読む。

[6]下 [3]二 [1] [2]一 [4] [5]上。

③返り点

□漢文は日本語と語順がずいぶん異なる。訓読に際して、日本語と語順の違《ちが》う部分に付け、読む順を示す記号を**返り点**という。返り点には、**レ点《れてん》**、**一・二点**、**上《じょう》・下《げ》点**などがある。

④漢詩

□唐《とう》の時代の漢詩（近体詩《きんたいし》）は、全体の句数によって二つに分けられ、さらに、一句の字数によって二つに分けられる。

①**絶句《ぜっく》**…全体が四句から成り、次の種類がある。
・**五言《ごごん》絶句**（五字から成る句が四句ある詩）
・**七言《しちごん》絶句**（七字から成る句が四句ある詩）

②**律詩《りっし》**…全体が八句から成り、次の種類がある。
・**五言律詩**（五字から成る句が八句ある詩）
・**七言律詩**（七字から成る句が八句ある詩）

⑤読解の手順

□①**漢文特有の言い回しに気をつける。**
□②**訓読のきまりを理解する。**
□③**漢詩の形式を理解する。**
□④**漢詩の調子・響《ひび》き・韻律《いんりつ》の美しさを味わう。**
□⑤**作者や古人のものの見方・感じ方を読み取る。**

◉置き字・再読文字

①**置き字**…訓読する時に読まない字。書き下し文には書き表さない。
例 良 薬ハ 苦シ二 於 口ニ一。
（良薬は口に苦《にが》し。〔＝いい薬が苦くて飲みにくいように、ためになる忠告は聞きづらいものである。〕）

②**再読文字**…訓読する時に二度読む字。
例 及ビテレ 時ニ 当ニ二シ 勉 励ス一。
（時に及《およ》びて当《まさ》に勉励《べんれい》すべし。〔＝今の時を大切にして努力して励《はげ》まなければならない。〕）

◉漢詩の構成と規則

・**構成**…絶句は、四句が起承転結《きしょうてんけつ》の構成になる。
・**押韻《おういん》**…五言の漢詩では偶数《ぐうすう》句末の字、七言の漢詩では第一句と偶数句末の字で韻を踏《ふ》む。
・**対句《ついく》**…言葉の組み立てや意味が対応関係にある二つの句を並べることを対句という。律詩では、第三句と第四句、第五句と第六句に、それぞれ対句を用いる。

重要ポイント確認問題

1 返り点に従って読む

□例にならって、返り点に従って、読む順序を数字で示しなさい。

例 ②レ①。

(1) □□レ□レ□。
(2) □二□□一□二□□一。
(3) □レ□二□□一。
(4) □二□レ□□一。
(5) □レ□二□□レ□。
(6) □下□二□□一□□上。

2 返り点をつける

□例にならって、読む順序を示す数字に従って、返り点を付けなさい。

例 ③二①②一。

(1) ①③②。
(2) ③②①④。
(3) ①④②③。
(4) ②①④③⑤。
(5) ③①②⑤④。
(6) ⑤①②④③。

3 訓点をつける

□次の白文《はくぶん》に、下の書き下し文に従って、訓点(送り仮名と返り点)を付けなさい。

(1) 国 破 山 河 在 。　(国破れて山河《さんが》在《あ》り。)
(2) 有 備 無 患 。　(備《そな》へ有れば患《うれ》ひ無し。)

解説

1 (5)に「レ」という返り点が出てくるが、これはレ点と一点とが合わさったもので、「いちれ」と読む。まず下の一字からレ点の付いている字に返って、次に二点の付いている字に返る。

2 一字返るのか、二字以上を隔《へだ》てて返るのか、他の返り点を間にはさんで返るのか、などよく見分けよう。

3 送り仮名の付け方は次のようになっている。
① 漢字の右下に片仮名で小さく書く。
② 古文の文法に従い、歴史的仮名遣《かなづか》いで書く。
③ 用言の活用語尾《ごび》や、助動詞・助詞などを、送り仮名によって補う。

4 書き下し文への直し方は次のようになっている。
① 送り仮名を歴史的仮名遣いのまま平仮名に改める。
② 置き字は書き表さない。
③ 日本語の助詞や助動詞にあたる漢字は、平仮名にする。
④ 句読点やかぎはそのまま付ける。会話文末の「ト」は、かぎの外に出す。

(3) 夕 陽 映 新 緑 。 (夕陽《せきやう》新緑に映《は》ゆ。)

(4) 尽 人 事 、 待 天 命 。 (人事《じんじ》を尽《つ》くして、天命を待つ。)

4 書き下し文にする

□次の訓読文を、書き下し文にしなさい。

(1) 月出ヅレバ、山静カナリ。 (　　)

(2) 歳《さい》月《げつ》不レ待タ人ヲ。 (　　)

(3) 挙レゲテ頭《かうべ》ヲ望二ム山《さん》月《げつ》ヲ一。 (　　)

(4) 霜《さう》葉《えふ》ハ紅《くれなゐ》二ナリ於二月ノ花一ヨリモ。 (　　)

5 漢文の内容を理解する

□次の書き下し文を読んで、あとの問いに答えなさい。

楚人《そひと》(=楚の国の人)に盾《たて》と矛《ほこ》とを鬻《ひさ》ぐ(=売る)者あり。これをほめていはく、「わが盾の堅《かた》きこと、よく陥《とほ》すものなきなり。」と。またその矛をほめていはく、「わが矛の利《り》なる(=鋭《するど》い)こと、物において陥さざるなきなり。」と。

ある人いはく、「子《し》(=あなた)の矛をもって、子の盾を陥さばいかん。」と。その人、応《こた》ふることあたはざるなり(=できなかった)。

(『韓非子《かんぴし》』より)

問一 この文から生まれた故事成語を、漢字で答えなさい。(　　)

問二 **問一**の故事成語の意味として最も適当なものを、次の**ア**〜**エ**から選びなさい。(　　)

ア 似たりよったりで差がない。

イ 必死の覚悟《かくご》で事に当たる。

ウ つじつまが合わない。

エ 余計なつけ加え。

---

5 **問二** どんな盾《たて》をも突き通せる矛《ほこ》(武器の槍《やり》)と、どんな矛でも突き通せない盾とは、同時に存在しないという話。

※5の現代語訳は別冊解答にある。

答

1

(1) 1432

(2) 312645

(3) 4312

(4) 4213

(5) 54132

(6) 631245

2

(1) [1][3]レ[2]。

(2) [3]レ[2]レ[1][4]。

(3) [1][4]二[2][3]一。

(4) [2]レ[1][4]レ[3][5]。

(5) [3]二[1][2]一[5]レ[4]。

(6) [5]二[1][2][4]レ[3]。

3

(1) 国破レテ山河在リ。

(2) 有レバ備ヘ無レシ患ヒ。

(3) 夕陽映二ユ新緑ニ一。

(4) 尽二クシテ人事ヲ一、待二ツ天命ヲ一。

4

(1) 月出づれば、山静かなり。

(2) 歳月人を待たず。

(3) 頭を挙げて山月を望む。

(4) 霜葉は二月の花よりも紅なり。

5

問一 矛盾　**問二** ウ

基礎問題

▼答え　別冊p.24

1 〈漢文を読み取る〉

次の漢文とその書き下し文・現代語訳を読んで、あとの問いに答えなさい。

孔子曰ハク、「薬酒ハ苦ケレドモ二於口ニ一、而利アリ二於病ニ一。①忠言ハ逆ラヘドモ二於耳ニ一、而利アリト二於行ヒニ一。」

〔書き下し文〕

孔子《こうし》曰《い》はく、「②薬酒《やくしゅ》は口に苦けれども、病に利《り》あり。忠言《ちうげん》は耳に逆《さか》らへども、□。」と。

〔現代語訳〕

孔子が言うことには、「薬を入れた酒は苦くて飲みにくいが、病気によく効く。忠言は耳に痛いが、行いには助けとなる。」と。

問一 □に入る適当な書き下し文を記しなさい。 重要

［　　　　　　］

問二 ――線①の意味を答えなさい。

［　　　　　　］

問三 ――線②と同じ意味のことわざを答えなさい。

［　　　　　　］

2 〈漢詩を読み取る〉

次の漢詩を読んで、あとの問いに答えなさい。

黄鶴楼《くわうかくろう》にて孟浩然《まうかうねん》の広陵《くわうりょう》に之《ゆ》くを送る　李《り》白《はく》

①故人西ノカタ辞シ二黄鶴楼ヲ一　（故人《こじん》西のかた黄鶴楼を辞《じ》し）

煙花三月②下揚州　（煙花三月揚州《えんくわさんぐわつやうしう》に下《くだ》る）

孤帆ノ遠影碧空ニ尽キ

唯ダ見ル長江ノ天際ニ流ルルヲ　（唯《た》だ見る長江《ちゃうかう》の天際《てんさい》に流るるを）

問一 この漢詩の種類を答えなさい。 重要

［　　　　　　］

問二 押韻《おういん》している漢字を、漢詩の中からすべてぬき出しなさい。 重要

［　　　　　　］

問三 ――線①について、次の(1)・(2)の問いに答えなさい。

(1) 意味を答えなさい。　［　　　　　　］

(2) 誰《だれ》のことでしょうか。　［　　　　　　］

問四 ――線②に、下の書き下し文に従って、返り点と送り仮名を付けなさい。 重要

下　揚　州

問五 第三句を、書き下し文にしなさい。 重要

[ ]

問六 この漢詩はどのような構成になっているか。漢字四字で答えなさい。 [ ]

問七 作者の気持ちとして最も適当なものを、次の**ア**～**エ**から選びなさい。 [ ]

ア 友の行く道々の情景を思いやる気持ち。

イ 友の去っていったあとの寂《さび》しい気持ち。

ウ やがて別れる友と離《はな》れがたい気持ち。

エ 遠くへ旅立つ友を勇気づける気持ち。 [ ]

3

〈漢文を読み取る〉

次の書き下し文を読んで、あとの問いに答えなさい。
（┊┊線の左側は、現代語訳である。）

宋人《そうひと》に①田《た》を耕す者有《あ》り。〔宋の国の人で畑を耕す人がいた〕田中《でんちゅう》に株《かぶ》有り、〔畑の中に切り株があって〕兎《うさぎ》走りて株に触《ふ》れ、頸《くび》を折りて死す。〔首を折って死んだ〕因《よ》りて其《そ》の＊耒《すき》を釈《す》てて〔そこで（男は）すきを捨てて〕株を守り、②復《ま》た③兎を得むことを冀《こひねが》ふ。兎は復た得《う》べからずして、〔うさぎはふたたびつかまえることができなくて〕④身は宋国《そうこく》の笑ひと為《な》れり。〔自身は宋国中の笑い者となった〕

（『韓非子《かんぴし》』より）

＊耒＝土を掘り起こす農具。

問一 ――線①の書き下し文に従って、次の白文に返り点と送り仮名を付けなさい。 重要

有 耕 田 者

問二 ――線②の意味として最も適当なものを、次の**ア**～**エ**から選びなさい。

ア 育てて　**イ** 耕して　**ウ** 見張って　**エ** 掘り起こし

問三 ――線③の意味として最も適当なものを、次の**ア**～**エ**から選びなさい。 [ ]

ア ふたたび、うさぎを手に入れることができた。

イ ふたたび、うさぎを手に入れたいと望んだ。

ウ 今度は、うさぎを殺さずに逃したかった。

エ 今度は、うさぎを生かして育てようとした。

問四 ――線④の理由として最も適当なものを、次の**ア**～**エ**から選びなさい。 [ ]

ア うさぎをたくさんつかまえることができ、お金持ちになって、人々にうらやましがられたから。

イ うさぎがいつも手に入ったために、すきを捨ててしまい、畑を耕せなくなったから。

ウ あてのないことを待ち続けたために、畑を耕すことをやめて結局はむだになったから。

エ うさぎを手に入れたときの話を、みんなにおもしろおかしく話して聞かせたから。 [ ]

ヒント

1 漢文の問題には、書き下し文や現代語訳がつくことが多いので、それをよく読んでから、問題に答えることを心がけよう。

2 漢詩は、唐の時代に盛んだった近体詩《きんたいし》の種類（絶句や律詩など）やその形式を覚えよう。

1

〈漢文を読み取る〉

次の書き下し文とその現代語訳を読んで、あとの問いに答えなさい。

＊孟子《まうし》対《こた》へて曰《い》はく、「王戦ひを好む。請ふ戦ひを以《もつ》て喩《たと》へん。塡《てん》然《ぜん》として之《これ》に鼓《こ》し、兵刃《へいじん》既《すで》に接す。甲《かふ》を棄《す》て兵を曳《ひ》きて走る、或《ある》いは百歩にして後《のち》止まり、或《ある》いは五十歩にして後《のち》止まる。五十歩を以《もつ》て百歩を笑はば、則《すなは》ち①何如《いかん》。」と。

曰《い》はく、「不可なり。直《た》だ百歩ならざるのみ。是《こ》れも亦《また》走るなり。」と。

〈現代語訳〉

孟子《もうし》が答えて言うには、「王は戦いがお好きです。どうか戦いでもってたとえさせてください。ドンドンと進軍の太鼓《たいこ》を打ち鳴らし、両軍の武器が交わった。（すると）鎧《よろい》を脱ぎ捨て武器をひきずって逃げ出した。ある者は百歩逃げたのちに止まり、ある者は五十歩逃げたのちに止まった。［ A ］、どうでしょうか。」と。

（王様が）言うには、「いけない。ただ百歩でなかっただけだ。これ（＝五十歩逃げた者）も同じく逃げたのだ。」と。

（『孟子《もうし》』より）

＊**孟子**＝中国古代の思想家。

問一 ［　　］ **A**に入る言葉として最も適当なものを、次の**ア**～**エ**から選びなさい。

ア 五十歩逃げた者が百歩逃げた者の足の速さを笑ったなら

イ 五十歩逃げた者が百歩逃げた者を臆病《おくびょう》だと笑ったなら

ウ 五十歩逃げた者が百歩逃げた者をずるいと怒ったなら

エ 五十歩逃げた者が百歩逃げた者を賢いとほめたなら

問二 ――線①にあたる言葉として最も適当なものを、現代語訳からぬき出しなさい。

［　　　　］

問三 この話から生まれた成語「五十歩百歩」の意味として最も適当なものを、次の**ア**～**エ**から選びなさい。 ミス注意

ア まったく同じで、少しの差もない。

イ 似たりよったりで差がない。

ウ 比較《ひかく》できないほど大きな違《ちが》いがある。

エ より高い目標に向かって努力すべきである。

［　　］

2

〈漢文を読み取る〉

次の漢文とその書き下し文を読んで、あとの問いに答えなさい。

子曰ハク、「学ビテ而時ニ習フレ之《これ》ヲ、不二亦《また》説《よろこ》バシカラ一乎《や》。有リ[a]朋《とも》自《より》[b]遠方[c]来タル[d]、①不二亦楽シカラ一乎。人②不レ知ラ而不レ慍《うら》ミ、不二亦君子ナラ一乎ト。」

〈書き下し文〉

＊子曰はく、「学びて時に之を＊習ふ、亦説ばしからずや。朋遠方より来たる有り、亦楽しからずや。人知らずして慍みず、亦＊君子ならずや」と。

（『論語』より）

＊**子**＝男子の敬称。ここは孔子をさす。

＊**習ふ**＝復習する。　＊**君子**＝徳の高いりっぱな人物。

問一 □ a～d に入る返り点を答えなさい。重要

a	b	c	d

問二 ――線①を現代語訳しなさい。

問三 ――線②とあるが、人が何を知らないのか。最も適当なものを、次の**ア**～**エ**から選びなさい。差がつく

ア 自分の家柄　**イ** 自分の財力

ウ 自分の年齢《ねんれい》　**エ** 自分の真価

3 〈漢詩を読み取る〉

次の漢詩とその書き下し文・解説文を読んで、あとの問いに答えなさい。

元二《げんじ》の安西《あんせい》に使ひするを送る　王維《わうゐ》

渭城ノ朝雨浥シ二軽塵ヲ一　（渭城《ゐじやう》の朝雨《てうう》軽塵《けいぢん》を浥《うるほ》し）

客舎青青柳色新タナリ　（客舎青青柳色《かくしやせいせいりうしよく》新たなり）

勧ムレ君ニ更ニ尽クセ一杯ノ酒　（君に勧《すす》む更《さら》に尽くせ一杯の酒）

西ノカタ出ヅレバ二陽関ヲ一無カラン二故人一　（西のかた陽関《やうくわん》を出《い》づれば故人《こじん》無からん）

〈解説文〉

この詩は、友人の元二が **A** を通って **B** へ使者として旅立つのを、王維が **C** の客舎（旅館）で見送ったときの詩である。

問一 □ A～C に入る地名を、それぞれ漢詩の中からぬき出しなさい。

A	C
B	

問二 この漢詩について、次の(1)・(2)の問いに答えなさい。

(1) 第一・二句から受ける感じを、次の**ア**～**エ**から選びなさい。

ア 雨中の肌寒《はださむ》さ。　**イ** 朝のすがすがしさ。

ウ 人けのない寂《さび》しさ。　**エ** 春のけだるさ。

(2) 第三・四句に表された作者の気持ちとして最も適当なものを、次の**ア**～**エ**から選びなさい。差がつく

ア 友のいない孤独感。　**イ** 旅立つ友への祝福。

ウ 別れる友への恨み。　**エ** 旅立つ友への励《はげ》まし。

(1)	(2)

◎制限時間40分　◎合格点70点　▼答え　別冊p.27

点

1 次の文章を読んで、あとの問いに答えなさい。〔大阪・改〕

（……線の左側は、現代語訳である。）

今は昔、二月《きさらぎ》つごもり〔末日〕、風うち吹《ふ》き〔さっと吹き〕、雪うち散るほど〔ちらつくころ〕、*公任《きんとう》の、*宰相《さいしょう》の中将《ちゅうじょう》と聞こえけるとき〔と人々がお呼びしていた時〕、清少納言《せいしょうなごん》がもとへ*懐紙《かいし》に書きて、

　少し春ある心地《ここち》こそすれ〔感じがすることだ〕

とありけり。「げに〔本当に〕今日のけしきにいとよくあひたるを、①いかが付くべからむ」と思ひわづらふ〔悩む〕。

　空さえて〔寒々として〕花にまがひて散る雪に

と、めでたく〔見事に〕書きたり。いみじく〔たいそう〕ほめ給《たま》ひけり。

（『古本《こほん》説話集』より）

*公任＝藤原《ふじわら》公任。詩歌や音楽に才能を発揮した人物。
*宰相の中将＝平安時代の官職名。
*懐紙＝ふところに入れた紙。

問一　……線X・Yを現代仮名遣《かなづか》いに直しなさい。〈10点×2〉

X

Y

問二　――線A・Bの動作を行っている人物の組み合わせとして正しいものを、次のア〜エから選びなさい。〈10点〉

ア　A 清少納言　B 公任
イ　A 公任　B 公任
ウ　A 清少納言　B 清少納言
エ　A 公任　B 清少納言

問三　和歌では「五七五七七」の「五七五」の部分が「上《かみ》の句」と呼ばれ、「七七」の部分が「下《しも》の句」と呼ばれる。本文では、下の句が先によまれ、上の句が後から付けられている。次の(1)・(2)の問いに答えなさい。

(1)　――線①の意味として最も適当なものを、次のア〜エから選びなさい。〈10点〉

ア　いつになったら上の句をつけるのだろう。
イ　どのように上の句をつければよいのだろう。
ウ　どうして上の句をつけさせてくれないのだろう。
エ　だれがいったい上の句をつけてくれるのだろう。

(2)　文中の和歌の上の句では、あるものを別のものに見立てている。何を何に見立てているか。それぞれの様子にもふれて説明しなさい。〈15点〉

2 **次の書き下し文は、中国の三国時代末期に政治家として活躍《かつやく》した王戎《おうじゅう》の少年時代の話である。これを読み、あとの問いに答えなさい。（┈┈線の左側は、現代語訳である。）**〔山口・改〕

王戎、七歳のとき、嘗《かつ》て諸小児《しょせうじ》と遊び〔子供たちと遊んでいると〕、道辺《だうへん》の李樹《りじゅ》〔道ばたのすももの木に〕、子《し》多くして〔実が多くて〕枝を折れるを〔枝が折れそうになっているのを〕看《み》る。諸児《しょじ》〔子供たちは〕競ひ走りて①之《これ》を取るも、唯《ただ》戎のみ動かず。人之を問へば、答へて②曰《いは》く、樹、道辺に在《あ》りて子多し、③此れ必ず苦李《くり》ならん〔だろう〕、と。之を取れば信《まこと》に然《しか》り〔果たしてそのとおりであった〕。

（『世説新語《せせつしんご》』より）

問一 〰〰線は漢文「在道辺」を書き下し文に改めたものである。書き下し文を参考にして送り仮名と返り点を付けなさい。〈10点〉

在　道　辺

問二 ——線①とあるが、「之」とは何を指すか。書き下し文の中から一字でぬき出しなさい。〈10点〉

問三 ——線②の主語を、次の**ア**〜**エ**から選びなさい。〈10点〉

ア 王戎　**イ** 諸小児　**ウ** 李樹　**エ** 人

問四 ——線③とあるが、なぜこの実を苦いと判断したのか。その理由を説明した次の文の［　］に入る言葉を答えなさい。〈15点〉

すももの木が道端にあるのに、［　　　］から。

高校入試対策

第1回 模擬テスト

◎制限時間 40分　◎合格点 70点　▼答え 別冊 p.29

点

1 次の文章を読み、あとの問いに答えなさい。

江戸時代後期、高級織物店の工場に機械を導入し、若い娘を多く雇《やと》った店主の清助は、活気があった娘たちの異変に気がつく。仕事経験の豊富な二人の娘に事情を聞くと、遠慮《えんりょ》がちに話した内容は、意外なものであった。

「機械に使われているのが面白くない？」

「そうです。ですから、みんなが考えている織物に対する気持ちがひとつも作られた物に反映されません」

①「どういうことだ？」

清助は座り直した。おみつとおたかの話が、意外と深い真実性を含《ふく》んでいるような気がしたからだ。これは人の話に対する予感だ。こういうところが、学者商人といわれた彼の特性でもあった。書物で学んだことは、必ずしも清助を頭でっかちにはしなかった。清助は、

「書物に書かれていることも、今の世に生きている人間の生き様を教える教科書なのだ」

と思っていた。だからおみつとおたかの口調の底に、容易ならざるものを彼は感じ取った。

おみつとおたかはこもごも話し始めた。

「このお店では、確かにご主人のお気持ちによって、図案、糸染め、*撚糸《ねんし》、機織《はたおり》などに仕事が分担され、それぞれ自分がやりたいと思う仕事をやれるようになっています。それはたいへんうれしいことです。でも、全体の束ねをしているのは機械で、人間ではありません。ですから、図案や糸染めや撚糸や機織をする時にも、みんな頭の一部に常に機械を意識しています。②機械の機嫌を損ねてはいけない、機械のやることを邪魔してはいけない、機械のやる通りにこっちの仕事を合わせよう、という具合になっています。そうなると、みんながそれぞれ工夫したいことも、全部死んでしまいます。一番いけないのは」

ここでおみつは一旦《いったん》言葉を切った。清助がきいた。

「一番いけないのは？」

「この工場で作られる織物が、お客様の立場に立っていないことです」

「どういうことだ？」

唐突《とうとつ》な言い方なので清助はきいた。おたかが答えた。

「わたしたちは、もし自分がこの織物を着物に仕立てたら、ということをまず考えます。それは、その着物を自分が着たとしたら、どういう図案、どういう染め方、どういう糸の撚《よ》り方、あるいは織り方などということを頭の中に思い浮かべるのです。そういう思いがまったく生かされていません。ですから、みんな仕事が面白くないのです」

「……？」

清助は呆《あき》れておみつとおたかの顔を③見比べた。うめくように言った。

「自分たちがこの工場で作る織物を着たら？　という気持ちをみんなが持っているんだと？」

「そうです」

「バカバカしい」

清助は④笑った。

「おまえさんたちに、うちで作る織物が買えるわけがないじゃないか」

「そこがご主人の間違《まちが》いです」

おみつが言った。

「わたしの間違いとは？」

「わたしたちが貧乏《びんぼう》で、安いお給金で働いているから、どうせわたしたちには高い織物は買えないだろうと思っていらっしゃるそのお考えがです。わたしたちだって女です。⑤いつかは、このお店で作られる織物を買って、きれいな着物に仕立てて着てみたいという気持ちはみんなにあります。また、それを実行しようとこつこつとお給金を貯《た》めている娘もいます。ですから、わたしたちには高い着物が着られないという言い方は、ご主人の決めつけです」

「…………」

清助は呆れておみつを見返した。言い返されてちょっとムッとしたが、しかし彼の人のいいところで堪《こら》えた。彼は苦笑した。

「そうか、わたしの決めつけか」

「そうです。わたしたちが、自分がこの着物を着たらこうしたいということは、そのままお客様の気持ちに立って織物を考えているということです。機械にはそれができません。わたしたちが人間だからできることです」

「うむ」

清助は唸《うな》った。しかし、勘《かん》の鋭い清助は、次第におみつとおたかが言っていることが理解できた。

（なるほど、自分がもしこの着物を着たらという気持ちがまったく生かされていないということか）
⑥一理あると清助は感じた。

（童門冬二《どうもんふゆじ》『学者商人と娘仕事人』より。一部表記を改めたところがある）

＊**撚糸**＝糸状のもの何本かをねじり合わせて一本の糸を作ること。

問一 ——線①とあるが、そのときの清助の気持ちとして最も適当なものを、次の**ア**～**エ**から選びなさい。〈15点〉

ア 驚きと怒りを必死で抑《おさ》えている。
イ 二人を見くびり軽く扱っている。
ウ 話が理解できず途方《とほう》に暮れている。
エ 真剣に耳を傾《かたむ》けようとしている。

問二 ——線②とあるが、この様子を別の言葉で表現している部分を、「……こと。」につながる形で文中から九字でぬき出しなさい。〈15点〉

こと。

問三 ——線③「見比べた」、——線④「笑った」とあるが、そのときの清助の心の状態を表現している言葉の組み合わせとして最も適当なものを、次の**ア**～**エ**から選びなさい。〈15点〉

ア ③＝あぜんとしている　④＝あざけり
イ ③＝心もとない　④＝さげすみ
ウ ③＝ふにおちない　④＝たわむれ
エ ③＝胸を打たれている　④＝からかい

問四 ——線⑤からうかがえるのは、娘たちがどのように生きている姿か。「……であっても……生きている姿。」という形で三十字以内で答えなさい。〈25点〉

問五 ——線⑥とあるが、それを説明した次の文の□**A**・**B**に入る言葉として最も適当なものを、それぞれ文中からぬき出しなさい。ただし、**A**は十五字、**B**は十字でぬき出すこと。〈15点×2〉

清助は、元々[A]を学ぶことの必要性を感じていたが、おみつとおたかの切実な訴《うった》えの中から、[B]の大切さに改めて気づき、それを今後の仕事のあり方のヒントにしようとしている。

A

B

高校入試対策

第2回 模擬テスト

◎制限時間 40分　◎合格点 70点　▼答え 別冊p.30

点

1 次の文章を読んで、あとの問いに答えなさい。

*老子《ろうし》が道を説いてから二千数百年が流れましたが、足るを知ることが今ほど難しく、また必要とされている時代もないでしょう。

老子のいう「知足」とは、単に我慢しろ、欲望を抑《おさ》えろということではありません。①モノやお金、名声や地位や他者の評価といった自分の外側にあるものに振りまわされるな。もっと自足して生きよう――とすすめているのだと思います。

外なる価値も人間にとって欠かせないものですが、外に求め、人に求めるほど、それらに人生を左右され、自分が自分の主人ではなくなってしまいます。［　　］、生きていくのに必要なだけあればいい、それ以上はいらないと、ついつい求めすぎる頭に自分自身でストップをかける。外的価値を高めようとあくせくしたり、他者の評価を気にしたりすることに時間とエネルギーを費やすのを、②思い切ってやめてみる。

もちろん完全にやめることなどできはしませんが、やめようと努め、人生をコントロールする力を自分の手に取り戻していくことが大事なのです。そうしているうちに、財産や地位とは無関係の、命そのものがもつ輝《かがや》きに目が向きはじめる。自分のなかにもその輝きがあることに気づき、今の、あるがままの自分も捨てたものじゃないと思えてくる。

これがあれば幸せになれると言われているものや、自分に欠けていると思うものを手に入れても、また次なる何かが欲しくなるだけです。それを続けている限り、幸せはいつもちょっと先にあり続ける。しかし、足るを知ったあなたは、もう鼻先にぶら下げられた人参《にんじん》を追う馬ではありません。今自分が手にしているもののなかにある喜びを、積極的に見いだしていけるようになるはずです。

足るを知ることが大事だと言っても、何もせず現状にとどまっていればいいというわけではない。老子は、〈*知足者富〉のあとに〈*強行者有志〉と続けています。強《つと》めて行う者は志あり――自分を励《はげ》まし、志をもって努力を続けようと説いているのです。

③【向上心や努力というのも、幸せに生きるうえで欠かせない鍵《かぎ》の一つでしょう。そして、その鍵を生かすためには、やはり前段階として、知足という言葉を胸に刻んでおく必要があるのだと思います。

足るを知らなければ、ないものねだりと向上心を取り違《ちが》えて、高望みをしかねません。自分の心が本当に求めているのではない何かに向かって、間違《まちが》った方向の努力を続けてしまう怖《おそ》れもあるでしょう。

一方、今の自分がもっているものに満足し、自分を肯定《こうてい》できる人は、周囲の意見やら見栄《みえ》やら流行といったものに惑《まど》わされたり、人と比較《ひかく》して自分にないものを求めたりすることが少なくなります。それゆえ、自分の性格や能力に応じた目標を定め、今の自分にできる努力を正しい方向に積み重ねていくことができるようになる。】

知足と努力、この二つはセットになっていてこそ力を発揮するのです。
（加賀《かが》乙彦《おとひこ》『不幸な国の幸福論』より。本文を一部省略したところがある）

＊**老子**＝中国古代の思想家。

＊**知足者富**＝「足るを知る者は富む」と読む。満足することを知っている者は豊かになるという意味。

＊**強行者有志**＝「強《つと》めて行う者は志あり」と読む。努め励む者は志がかなうという意味。

問一 □に入る最も適当な言葉を、次の**ア**～**エ**から選びなさい。〈10点〉

ア だから　**イ** さらに　**ウ** ただし　**エ** なぜなら

問二 ——線①とあるが、「自分の外側にあるものに振りまわされる」状態になっている人を比喩《ひゆ》を用いて表現した部分を、文中から十六字でぬき出しなさい 〈10点〉

問三 ——線②とあるが、「やめてみる」よう努めるうちに、人は自分のなかにどのようなものがあることに気づくと筆者は述べているのか。最も適当な部分を、文中から十字でぬき出しなさい。〈10点〉

問四 ——線③とあるが、「幸せに生きる」ために「知足」が必要なのはなぜか。【　】内の言葉を使って、「…から。」に続くように、六十五字以内で答えなさい。ただし、「足るを知ること」「目標」という二つの言葉を使うこと。〈20点〉

から。

2 次の文章を読んで、あとの問いに答えなさい。

＊頼政卿《よりまさきやう》①はいみじかりし歌仙《かせん》なり。心の底まで歌になりかへりて〔歌そのものになりきって〕、□これを忘れず心にかけつつ、鳥の一声鳴き、風のそそと吹《ふ》く〔風がゆるやかに吹く〕にも、まして花〔桜〕の散り、葉の落ち、月の出で入《い》り、雨、雪などの降

るにつけても、立ち居起き臥《ふ》しに、風情《ふぜい》をめぐらさずといふ事なし。真《まこと》に秀歌《しゅうか》の出で来る、②理《ことわり》とぞ覚え侍《はべ》りし。

（鴨長明《かものちょうめい》『無名抄』より）

＊**頼政卿**＝源頼政。平安時代の武将・歌人。

問一 ――線①の文中での意味として最も適当なものを、次の**ア**～**エ**から選びなさい。〈10点〉

ア 心が広い歌の名人　**イ** もの静かな歌の名人

ウ 風変わりな歌の名人　**エ** すばらしい歌の名人

問二 □に入れる言葉として最も適当なものを、次の**ア**～**エ**から選びなさい。〈10点〉

ア 常に　**イ** ともに　**ウ** まれに　**エ** 不意に

問三 「日常のふるまいや生活」という内容を表す言葉を、文中から七字でぬき出しなさい。〈10点〉

問四 ――線②とは、「もっともなことだと思いました」という意味であるが、これは頼政について、どのようなことを「もっともなことだ」と述べているのか。現代の言葉で十五字程度で答えなさい。〈20点〉

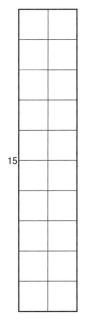

■ 編著者　新国語研究会

吉岡哲	赤崎伸一	坂井利三郎	杉原米和
堀口清孝	三井庄二	宮島茂樹	矢崎博司
山形明子	渡邉善正		

□ 編集協力　㈱プラウ21（片野真衣）　大木芙三子

□ 本文デザイン　小川純（オガワデザイン）　南彩乃（細山田デザイン事務所）

シグマベスト
実力アップ問題集
中学国語［文章問題］

編著者　新国語研究会
発行者　益井英郎
印刷所　中村印刷株式会社
発行所　株式会社文英堂
〒601-8121　京都市南区上鳥羽大物町28
〒162-0832　東京都新宿区岩戸町17
(代表)03-3269-4231

●落丁・乱丁はおとりかえします。

ΣBEST シグマベスト

実力アップ問題集

EXERCISE BOOK | JAPANESE

解答・解説

中学国語

文章問題

文英堂

1章 現代の散文

❶文章の構成

p.10～11 基礎問題の答え

1

問一 (1)ウ　(2)ア　(3)エ

問二 第一大段落と第二大段落の切れ目＝5と6の間
第二大段落と第三大段落の切れ目＝12と13の間
第三大段落と第四大段落の切れ目＝17と18の間

問三 ア 15　イ 3　ウ 18　エ 13

問四 A 1 2 3 4 5
B 6 7 8 9 10 11 12
C 13 14 15 16 17

解説

問一 (1)「人間はすばらしい」という内容は冒頭の一文にある。続いてそう思ったのはどこであったかが述べられている。そしてその話題が5段落まで続いているのを確認しよう。

(2)「人間は愚《おろ》かで悲しい」という内容は6段落、「しかし」の後にある。ここもそう思ったのはどこであったかが続いて述べられている。これは12段落まで続く。途中で食糧《しょくりょう》不足や殺し合いなどについても話がおよぶが、これはその島で考えたことと捉《とら》えよう。

(3)「地球はもろい」という内容は14・15段落にあるが、その発言者は13段落で紹介されている。そして16段落を経て17段落まで続いている。

問二 問一の(1)は第一大段落、(2)は第二大段落、(3)は第三大段落とそれぞれ重なる。第二大段落は「しかし」、第三大段落は「話は変わるが」という言葉で始まっていることにも注意する。

第一大段落 1 2 3 4 5
起「人間はすばらしい(＝果てしなく賢明《けんめい》だ)」
↓ナスカ高原

第二大段落 6 7 8 9 10 11 12
承「人間は愚かで悲しい」↓イースター島

第三大段落 13 14 15 16 17
転「地球はもろい」↓Aさんの感想

第四大段落 18
結「人間は地球にどう対処すべきか」

問三 **ア**は「**共鳴**」「**同じ考え(＝同感)**」がポイントである。「地球はもろい」を受けて、「**そう、地球はもろいのだ**」と言っている部分である。**イ**は「同感しながらも、別の視点からの驚き」とあるので、**筆者が他の人と同じように驚きながらもさらに別の驚きを見た**という段落になる。**ウ**は「結論的」という言葉から「**起承転結**《きしょうてんけつ》」の「**結**」につなげる。**エ**も「起承転結」の「**転**」**が有力な手掛かり**になる。

問四 ——線A・B・Cはそれぞれ、Aが第一大段落、Bが第二大段落、Cが第三大段落の内容を指している。

1

問一 (1) 中学に入学 (2) 先生はよほ (3) おばあさん

問二 風が、いく

問三 A こわかった B かたち

解説

問一 最初の一文はそれだけで一つの段落になっている。筆者の回想は、二つ目の小段落から始まる。このような随《ずい》筆《ひつ》ふうの文章の段落分けでは、書かれている**場面（時や場所）**に注目するとよい。回想部分の一つ目の大段落は、**学校の理科教室の場面**である。二つ目は、**日曜日の桜並木の場面**で、「わたし」とおばあさんのやりとりが語られる。三つ目は、**別れた後のおばあさんを「わたし」が想像する場面**である。

問二 最後の一文（これも一つの段落）は最初の一文と呼応して、文章全体をひきしめている。その前の一文から成る段落「風が、いくらでも桜の花びらを散らせる。」は、**回想の中での桜並木の情景**でもあり、**現在の筆者が桜から連想するイメージ**でもある。つまり、筆者は「花、といえば、桜」と思い、桜の花びらが風に散るイメージを浮かべて、そのイメージから中学生のころのできごとを回想するというわけである。

問三 A この時のわたしは、急に話しかけてきたおばあさんにどんな気持ちを抱《いだ》いていただろうか。

B 桜が生きているというのは花がどういう状態であることを指すのだろうか。**理科教室の桜と校庭の桜を比較して描写している部分**に注目しよう。

2

問一 A ウ B エ

問二 6

問三 人間としての共通の属性（十一字）

問四 例 社会的な習慣や取り決めを知る（こと。）（十四字）

問五 ア

問六 イ

解説

問一 □ A の前の段落では異文化による社会的な間違《まちが》いの実例が述べられているが、A の後には、このような**社会的なレベルの異文化は消化できる**とある。B の場合は、**その前の段落で述べたことを、わかりやすく言い換《か》えている**。

問二 あいさつの仕方や食事のマナーは**社会的なレベルの異文化**の例である。

問三 自然のレベルなので**段落 2 3 4 に絞《しぼ》りこんで探す**。「意思が通じる」が手掛かりになる。

問四 社会的なレベルは**段落 5 6 7** である。段落 5 の「〜を知らないと……理解できない」という部分を、設問が求める形に変える。「社会的な習慣や常識を知る」「習慣や社会的な規則を学習する」でも正解。

問五 国旗は国家の象徴《しょうちょう》なので「**象徴のレベル**」である。**イ**とウは社会的な規則、「**記号的なレベル**」である。**エ**は本能的なこと、「**信号的なレベル**」に属す。

問六 まず、段落 1 で三つのレベルがあると示されている。

それにしたがって、三つに区切る。「ひとつは」とある段落[2]、「二つ目の段階は」とある段落[5]、「三つ目のレベル」とある段落[8]がそれぞれのまとまり(大段落)の始まりとなる。なお、三つのレベルは、信号的なレベル(自然のレベル)、記号的なレベル(社会的なレベル)、象徴のレベルである。

定期テスト対策
説明的な文章では、筆者の中心的な意見を見つけることと、それを説明するために、どんな内容が、どんな順番で述べられているかをおさえることが大切。

❷ 文章の要旨

p.20〜21 基礎問題の答え

[1] 問一 真理や常識〜示すること
問二 A イ　B カ
問三 (1) 三・四・五(段落)
(2) 例 パラドックスは、論理や常識を疑って、新しい目で社会や人生を見直す契機となる。(三十八字)

解説
問一 指示語の問題である。あとに続く「『あれっ。』と思わせ……考えさせる」きっかけとなるものを、直前の文から探し、設問に合わせて答える。
問二 [A]の前が「事実に反しています」、あとが「正しそうに思えてしまう」と内容が逆になっている。[B]は「反対に」「逆に」という言葉と置きかえられる。Aと感じが似ているが、Bには文と文を接続する接続語は入らない。
問三 (1) 本文は次のように構成されている。
Ⅰ 第一、二段落　Ⅱ 第三、四、五段落
Ⅲ 第六、七、八段落　Ⅳ 第九段落
「要点」を参考にしながら、本文の大きな段落の切れ目を探す。Ⅱは、「要点」に「長い歴史の中で」とあるので、第三段落の「古代ギリシャの哲人たち」から始まる。続いてⅢは、「要点」に「現代では」とあるので、第六段落の「現代という時代には」から始まる。なお、Ⅲには技術開発のことが話題の材料に使われているが、これは第八段落まで続く。したがって、Ⅳは文章のまとめとしての第九段落のみということになる。
(2) 第九段落をまとめる。本文はパラドックスについて述べたものであるので、パラドックスを主語にする。

p.22〜25 標準問題の答え

[1] 問一 A ア　B ウ
問二 ① ウ　② ア　③ ア　④ ア
問三 例 生命が発生してから三十数億年の時間が経過している地球に、人類はわずか二百万年前に誕生したという事実。(五十字)
問四 イ

解説

問一 どちらも段落の先頭にくる接続語なので、前の段落との関係を考える。

A 以後に続く文は、主語の「調整者」に「も」がついていることから、**付け加えの文**だとわかる。

B 前の段落を受けて、そこから**必然的に導かれる結果**を述べている。

問二 ――線部の前後を丁寧《ていねい》に読む。①は「**われわれ**」が「寄生者」なので、「人間」になる。②は**酸素の「供給者」**である。③の主語は「**植物**」である。④は「調整者」も「**植物である**」とある。

問三 大舞台《ぶたい》の最後に登場するという比喩《ひゆ》は、人間の登場が他の生物に比べて新しいということをたとえたものである。

問四 中心段落は最後にあることが多い。 問題文が「緑の植物」をテーマにしていることはすぐわかるが、それについて筆者が何と言っているのか、**最後の文**をよく読もう。

2

問一 ア

問二 相手に勝ち～ことになる(こと。)(二十八字)

問三 ウ

問四 例 **利益は減っても、儲けは確保されているということ。**(二十四字)

問五 イ

解説

問一 「消息を語る」という言い方は、いわば慣用句である。

問二 指示内容はまず直前の文を探すという原則どおりにすれば、わかる問題である。念のため、指示語の位置に答えを入れて、意味のつながり方が不自然でないかを確認してみよう。

問三 段落相互《そうご》の関係を問う問題では、段落の最初の文に注目しよう。4段落の第一文では、「この意味で」と前の2・3段落を受け、「……といってもいいであろう。」とそこから**一つの結論を導き出している**。

問四 設問では「取り引きの際の売手の立場」と具体的に言っているので、3段落から考えよう。

問五 文章全体の構成をしっかり捉《とら》えて、**結論を述べている段落**を探そう。問題文では、4**段落**がそれにあたる。

定期テスト対策

文章の展開に注意すると、筆者の言おうとしていることの中心、すなわち、要旨《ようし》がどこに集約されているかが明らかになってくる。問題提起のある文章では、それによりテーマが明らかになり、問題提起に対する答えの部分が要旨とかかわることが多いので注意しよう。

3 場面の展開

p.30～31 **基礎問題の答え**

1

問一 A 3 B 4 C 7 D 8 E 16

① **夜** ② **ベランダ** ③ **公園**

④ **アパートの階段**

解説

問一 主人公である「僕《ぼく》」のいる**場所**やその**時**を表す言葉をおさえる。何気なく読んでいると、うっかり読み飛ばすので、意識して探すようにしよう。

1

問一 ところが、三月

問二 あて名だけ

問三 付き添って

問四 これぐらいしか妹を喜ばせる方法がなかったのだ。

問五 ⑵ 一週間ほど　⑶ 妹が帰って

解説

問一 親元から離《はな》すにはまだ幼く不憫《ふびん》だと、疎開《そかい》させることをためらっていた両親を決断させる、大きなできごとがあった。

問二 「遠足にでも行くように」というのは、妹は小学校一年で、まだ「疎開」の意味を正しく理解してないからである。

問三 「大マル」の意味は**「とても元気だよ」「うれしい」**といったところだろう。その理由は――線部のあとに書かれている。

問四 妹に対する父親の心情を読み取る。疎開させることをためらっていたことから、子供たちの中でもいちばん不憫に感じていたのだろう。**何とかして喜ばせたいという気持ち**は、「私」や弟と同じだったわけである。

問五 ⑴ 妹は、疎開のために甲府《こうふ》へ出かけていく。

⑵ 妹は、疎開直後は元気だったが、次第に元気さを失っていく。それが、父へのはがきに表れている。

⑶ 妹が帰ってくる日、「私」と弟は精一杯のもてなしをして迎《むか》えようとする。

2

問一 ① 旅行雑誌の記者　② 十二年前　③ 祖父（おじいさん）

問二 例 父の秘密を知るようでわくわくするから。

問三 二十歳そこそこ

問四 ア 1　イ 3　ウ 4

問五 春

解説

問一 民宿『みちしお荘《そう》』に向かうとき、少年が「お父ちゃんと知り合いですか？」と尋《たず》ねている。そのあとに、シライさんがどういう人かが書かれている。

問二 直後に「買ってきたばかりのマンガを開くときのように、胸がどきどきして、わくわくする」とある。**父親に内緒で自分の知らない父親の話が聞けること**を、少年が楽しみにしているのがわかる。

問三 シライさんが写真を撮《と》ったころの父親の年齢《ねんれい》が説明されているところを探そう。

問四 それぞれの場面の人物の心情を考えよう。

ア 居場所がなかった少年が、**ようやく仲間を見つけたような気分**になっている。

イ 祖父を亡くした少年を**なぐさめている**おかみさんの気持ちなので、1・2・4は不適当である。

ウ 昔は漁師《りょうし》を嫌《いや》がっていた少年の父親が、今では生まれつきの漁師のような顔をしている。その**変わりように対するシライさんの気持ち**である。

問五 「いまの、この季節――春先には鯛《たい》を狙《ねら》う。」という文から季節がわかる。

定期テスト対策
場面分けを意識しながら読むことで、登場人物の心情の変化や文章の主題をつかみやすくなる。たとえば、「標準問題」2では、初対面のシライさんという人物に、彼が写した写真を通して、だんだんうち解けていく、少年の心情の変化が描かれている。

4 人物の心情

p.40~41 基礎問題の答え

1 問一 ア
問二 例 背丈が倍ほどになっている。
例 顔が黄ばんだ色に変わり、深い皺《しわ》がたたまれている。
例 眼のまわりが赤くはれている。
例 手が太く節くれ立ってひび割れている。
問三 例 海辺で耕作するものは、一日じゅう潮風に吹かれるせいで、眼のまわりが赤くはれること。
問四 例 閏土《ルントー》との再会。
問五 例 自分と「私」との間に、身分や境遇の違いがあることに気づいたから。
問六 ウ

解説
問一 一日で閏土《ルントー》とはわかったものの、記憶にある閏土《ルントー》とは似ても似つかないほど落ちぶれてしまっていたのである。
問二 ——線②のあとの部分に閏土《ルントー》の様子が書かれている。そこを四つにまとめよう。
問三 ——線③の場合、「知っている」ことはそのあとにあるので、注意しよう。
問四 「私」は、閏土《ルントー》との再会に喜びを感じているのである。
問五 「喜び」の方は、「私」と再会したことであり、「寂しさ」の方は、「私」とは身分や境遇がまったく違うことを認識せずにはいられないことである。
問六 閏土《ルントー》の「旦那《だんな》さま」という一言と、その言葉を発した閏土《ルントー》の態度によって、「私」は、二人の間にある身分や境遇の違いをはっきりと意識する。

p.42~45 標準問題の答え

1 問一 例 透哉に話したことが違っていたのではないかと真剣に思い悩んでいる。
問二 例 心を落ち着けて、時間がかかっても瑞希の本心を聞こうと思っている。
問三 例 透哉に話したことと自分の本当の気持ちとの違いが、だんだんはっきりわかってきたということ。
問四 例 もう一度透哉の球を受け止めたいという自分の思いを、今度こそ伝えたいという気持ち。

解説
問一 ——線①のあとに出てくる良治《りょうじ》との対話の中で、透《とう》哉《や》に話したことが違《ちが》っていたのではないかと思い悩んでいる瑞希《みずき》の心が語られている。
問二 良治には瑞希の言っていることが理解しづらく、はっ

きりわかるように話をしてもらいたいのである。——線②の前後にある良治のセリフにも注目しよう。

問三「糸が解けていく」というのは、物事がはっきりしたり、すっきりしたりすることの比喩《ひゆ》(たとえ)である。瑞希が、良治に話をしていくにつれて、**だんだんと自分の考えが整理できてきたこと**を表している。

問四 **瑞希がもう一度透哉と話をしようと決意している**ところである。その前にある「けど、おれ、ほんとは……他にもちゃんと言わんとあかんことがあったんや。おれ、地区大会とか甲子園とかぬきにして……そういうの関係なく、もう一度、あいつの球、捕りたいんやって……伝えなあかんかった」という瑞希の言葉などを参考にして、まとめよう。

2

問一 ア

問二 エ

問三 イ

問四 ウ

解説

問一 何か心に浮かんだから、そのあとに続く「お上《かみ》のことには間違《まちが》いはございますまいから」という言葉になるのである。使用人の巻き添《ぞ》えになって捕らえられた父のことを思い、そういう父を捕らえた役人たちに対する**痛烈《つうれつ》な批判**につながっている。

問二「当時の辞書には献身《けんしん》という訳語もなかったので」とあるので、**献身**という言葉と最も近いものを選ぶ。

問三「氷のように冷ややかに、刃のように鋭《するど》い、いちの最後の詞《ことば》の最後の一句」という言葉をヒントにして、答えを選ぼう。

問四「坊《ぼ》っちゃん」の作者は夏目漱石《なつめそうせき》である。

定期テスト対策

小説では、人物の心情を読み取ることが主題(テーマ)を正確に把握《はあく》する上で重要になってくる。特に、登場人物の会話文と、その後に書かれる心情の説明的部分に注意し、しっかり読み取ることが大切である。

5 作者の思い

p.50〜51 基礎問題の答え

1

問一 例 **パール・ハーバーの授業に出たくなかったから。**(二十二字)

問二 イ

問三 ア

解説

問一「その日」というのが、何がある日なのかを考えよう。あとの「パール・ハーバーの授業を休んだら、先生はどう思うだろう」という部分から、作者が休みたい理由が読み取れる。

問二 授業後に「日本非難の矢面《やおもて》に立たないですんだことに……救われた」とあることから、**パール・ハーバーの授業に出たくなかったという作者の心情**を考えよう。

問三「その後の人生に最も影響を与えたもの」という点をお

さえよう。最後の「もはや子供とは呼べないそのもう一人の私は……平和の追求に関わる仕事を夢みていた。」という一文を手がかりに答えを選ぶ。

p.52～55 標準問題の答え

1

問一 例 **医療物資が乏しいため、死んでいく人がたくさんいるから。**

問二 イ

問三 イ

問四 例 **無理をせず、なにごともしかたがないこととして受け止めること。**

解説

問一 なぜ、どうすることもできなかったのかを――線①の前を読んで考えよう。メスや包帯やガーゼなどのない**医《い》療《りょう》環境の貧弱《ひんじゃく》さ**がその原因である。

問二 **「私がこれだけしてやっているのに」**という思いにあたる言葉を選ぶ。

問三 自己中心的な考えを反省し、心のゆとりをとり戻《もど》した作者は、**彼《かれ》らとの心的距離《きょり》が近づいた**と感じたのである。

問四 パラグアイの人々の、物事に対する態度について書かれた前の段落に注目し、内容をまとめよう。

2

問一 ウ

問二 記憶の入口

問三 ウ

問四 ア

問五 例 **絶えず変わりつづけながら、すこしも変わらないものを映すことによって、流れ去るということが時の本質なのではなく、流れ去ってゆくものが残す一瞬の影像のうちに時のもつ意味がある、と感じさせてくれるもの。**（九十八字）

解説

問一 完全に変わったという文脈である。

問二 「よすが」とは「手がかり」という意味。**幼いころの記《き》憶《おく》を思い出す手がかり**ということである。

問三 川の流れは絶えず動き、**映し出される空はじっとして動くことがない**、と書かれている。

問四 「流れ去る」という言葉に着目しよう。ここは「時」について述べているところなので、**ア**の「過ぎ去る」が適当である。

問五 「川面《かわも》のかがやき」という言葉が用いられている部分と最後の段落に着目して、要点をまとめよう。川の流れに作者は、**「時というものの本質」**を感じている。

定期テスト対策

作者がなにについて述べているのか、適切におさえながら読み進めよう。作者のメッセージをつかむことが大切である。

いろいろな随筆《ずいひつ》に触《ふ》れると、実にさまざまな考え方があることに驚《おどろ》かされる。積極的に読むことで、自分の世界・視野を広げることができる。

6 表現の理解

p.60〜61 基礎問題の答え

1

問一 A ウ　B イ

問二 ア

問三 ① オ　④ イ

問四 例 意見を世に発表すること

問五 例 普通の人々の声

問六 例 自分たちの意見や感想が起爆剤となって、多彩な意見が視聴者のなかにわき起こり、新たな討論の場ができることを期待しているから。

問七 ウ

解説

問一 [A]の前後が並立の関係になっている。[B]の前には世の中を動かすことのできない普通《ふつう》の人のこと、あとには世の中を動かすことのできる人のこと、つまり、**対立**する内容が書かれている。なお、第二段落にも第三段落にも「もちろん〜、しかし……」のパターンが使われていることに注意する。**筆者は一度「もちろん」のあとに自分とは逆の立場に対して譲歩《じょうほ》する。そして「しかし」のあとで自分の主張をしている。**論説文にはよく使われるパターンである。

問二「私」＝一人称、「あなた」＝二人称、「彼」「それ」など＝三人称である。

問三 ① 本文では、政治家などのように世の中を動かすことのできない人、すなわち「普通の人」がキーワードになっている。このように、**読者に注目してほしい語句に「　」を使って強調することがある。**

問四・五 指示語の問題は、まず指示語の前を探してみよう。見つけたら、それを指示語の位置にあてはめてみて、前後とうまくつながるようにする。**問四**ならば「〜こと」、**問五**ならば「〜声」の形にする。

問六 ――線⑤の次の文が「〜からです。」と理由を答える形で終わっていることに注意する。さらに、この部分には「それ」という指示語が使われているので、その内容を明確にしながら答えよう。

問七 本文には「公的な言論機関ですから、特定の政党や企業などをむやみに持ち上げたり……することは、厳に慎《つつし》まなければなりません。」と書かれているので、**ウ**が不適である。

2

(1) ア　(2) オ　(3) イ　(4) エ　(5) カ
(6) ウ　(7) キ

解説

(2)・(3)はどちらも比喩《ひゆ》(たとえ)だが、(2)は「〜ように」がないので隠喩《いんゆ》、(3)はあるので直喩《ちょくゆ》になる。

p.62〜63 標準問題の答え

1

問一 A 首　E ロ

問二 B エ　C ウ　D ア

問三 ① エ　② ア

問四 総理大臣のような

問五 ③ 例 **ルロイ修道士の、両手の人差し指をせわしく交差させ、打ちつける動作。**

⑤ 例 **東京見物の費用をどうやってひねり出したか。**

問六 **イ**

解説

問一 どちらも慣用句である。A「首を傾《かし》げる」は「不思議がったり、疑ったりする様子」をいう。E「口をきく」は「話をすること」である。

問二 B「していたなら」の「なら」は**仮定を表す。**

C ルロイ修道士は、自分が「わたし」をぶったのではないかと**予測して話をしている。**

D ルロイ修道士はぶったことを悪かったと思っているが、「わたし」はそれを「当たり前」といっている。したがって、**逆接が入る。**

問三 ① ふつうならば「このオムレツはおいしいですね。」となるところが、**語句の順序がひっくり返っている。**

② 「〜ように」を使った**比喩《ひゆ》**である。

問四 「日本人とかカナダ人とかアメリカ人といったような」は例示で、比喩ではない。

問五 それぞれの――線の前の部分から探す。指示語の位置に答えをあてはめて文がつながる形に直そう。

問六 ルロイ修道士が「ナプキンを折り畳《たた》」んだときに「わたし」が思ったことは「**食事はもうおしまいなのだろうか。**」である。この一文をヒントに考えよう。

定期テスト対策

指示語や接続語の問題は、必ずテストに出題されるといってよい。繰《く》り返し問題を解くことで慣れておくことが大切である。指示語は、まず前の文から答えを探してみること。接続語は、それぞれの働きをしっかりおさえよう。

表現技法は、それぞれの技法がどのようなものかを理解する。数は多くないので、しっかり覚えてしまおう。

p.64〜66 実力アップ問題の答え

1

問一 **A オ　B ア　C イ**

問二 **イ**

問三 **ア**

問四 ③ **模倣**　⑥ **感情**

問五 **自分の中にある知識や体験などの集積**

問六 例 **感性とは、その大部分が作家の知識や体験などの集積を基とする論理的な思考で、残りが創作にオリジナリティを与える感覚的なひらめきである。**（六十六字）

問七 **スパイス**

問八 **作為のようなもの**

問九 **エ**

解説

1 **問一** A のあとに一般的な考えが述べられ、そのあと筆者の主張が述べられている。「もちろん〜だが、（しかし）

……」のパターンになっている。
[B]の前は「新しい発想をして、自分の力で創作」、あとは「過去の経験、知識、……それらの蓄積などが基になって生まれてくる」と**対立**する内容が書かれている。
[C]の前後が「〜たら、〜たら」と**並立の関係**になっている。

問三「ボーン」は骨、「バックボーン」で背骨、ここから「支えとなる中心的な考え」といった意味にもなる。ここでは、——線②のあとの**「僕の過去の経験、知識、……それらの蓄積」**がそれにあたる。

問四「創造」は単に作るという意味ではなく、今までにないものを新しく作り出すという意味である。「創造」の対義語は「破壊」ではない。「破壊」の対義語は「建設」である。

問五 まずは、——線④の前を丁寧《ていねい》に見てみよう。直前に答えがあるとはかぎらない。

問六 設問から「感性」とはどういうものかを答えればよいことがわかる。**「感性」**が、多くの**「知識や体験などの集積」を基とする「論理的な思考」**と、残りの**「感覚的なひらめき」の二つで成り立っている**ことをまとめる。

問七「直感の冴《さ》え」＝「創造力の肝」＝**「スパイス」**。いずれも「作品をどれだけすばらしいものにできるか」の「かぎを握っている」ものである。

問八 あとにある「人を感動させるような力をもった音楽」が、——線⑦の言いかえになっていることに気がつくと、答えが見えてくる。

問九 [7]段落に書かれている内容と比較して考えると**ア**か**エ**が近いが、**ア**は「経験知のみが役立つ」の「のみ」が誤りである。

2章 現代の韻文

⑦ 詩

p.72～73 基礎問題の答え

1 **問一** **第二連＝3　第三連＝6　第四連＝10**
第五連＝15
問二 **①ウ　②ア**
問三 **エ**
問四 **イ**
問五 **イ**

解説

問一 五連《れん》の詩だが、そのために各連の行数が少ないので、時などに注意して区切りがどこか考えよう。

問二 ①は、「花たち」が「連れ去ろうとしている」と、**擬人《ぎじん》法《ほう》**になっている。②は**倒置《とうち》**になっている。一般的には、「私もまた何かの手にひかれて、そうして別れる。」という順序になる。

問三 5行目の「**ひとつしか展開しなかった**」という部分に最も合う性質を選ぶ。

問四 「まぼろしの花たち」は単純に過去に咲いた花のことではない。去年やおととしや十年前の〈花たち〉は、**過去の人のことをたとえている**。

問五 「菊《きく》」を「花」と一般化しているので、**ア**「具体化」と**エ**「明確化」は不適当である。12行目では、単なる菊の花ではなく、作者の心の中の存在になっているので**イ**を選ぶ。

2 **問一** **ウ**
問二 **イ**
問三 例 **秋になって熟れていく果実にも、天と同じように、人の知恵のとどかない神秘が感じられるということ。**（四十七字）

解説

問一 最初の二行に「天であるか」が**繰《く》り返されている**。

問二 「**空**」と「**天**」**が対比**されていて、「天」は「抽象《ちゅうしょう》的」と述べられている。

問三 ——線部については、鑑賞文《かんしょうぶん》の最後の一文で述べられている。ここを用いてまとめよう。

p.74～75 標準問題の答え

1 **問一** **Aア　Bエ**
問二 **ア**
問三 **①イ　②ア　③エ**
問四 **エ**
問五 **イ**
問六 **Aエ　Bイ　Cア**

解説

問二 選択肢《せんたくし》のすべてが、少年時代の体験になっている。**詩の題名にも注意**して適当なものを選ぶ。

問三 ①の「がりりと」は、レモンを噛《か》んだ**音を表した擬声《ぎせい》語《ご》**である。②の「ぱつと」は、意識が急にはっきりした**様子を表した擬態《ぎたいご》語**である。③の「咽喉《のど》に嵐《あらし》はある」の「嵐」は、はげしく呼吸をしているたとえである。「～ように」

などを用いてたとえているものを「直喩《ちょくゆ》(明喩《めいゆ》)」、「〜ように」などを用いないでたとえているものを「隠喩《いんゆ》(暗喩《あんゆ》)」という。

問四 死が近く息づかいが激しい状態を表している。

問五 「生涯《しょうがい》の愛」とあるので、智恵子《ちえこ》の、**光太郎に対する愛情表現を選ぶ。**

問六 ここでの別れは「生別」ではなく、「**死別**」である。空欄《くうらん》の前後をよく読んで答えを探そう。

定期テスト対策

詩は、短い文章の中に表現を工夫して、簡潔に感動を訴《うった》えているので、独特な表現に着目しよう。

⑧ 短歌

p.80〜81 **基礎問題の答え**

1

問一 C

問二 イ

問三 A エ　B イ　C ア　D ウ

解説 **問一** それぞれの短歌を五・七・五・七・七に区切り、初句から順に意味をとっていく。Cの第四句と第五句は「微《かす》かなれども→汝《な》がいきほひよ」という意味で、**語順が逆になっている**ことがわかる。Cは、流れに逆らって上る小さな生き物の、そのけなげさに対する応援歌《おうえんか》である。

問二 Bは、「哀《かな》しからずや(=悲しくないのだろうか)」(第二句)で**短歌の流れが切れている**。

問三 Aの歌では、作者が現実に北上川《きたかみがわ》を見ているのではないことに注意。「目に見ゆ」とは「目に浮《う》かぶ」という意味である。作者は遠く故郷を離《はな》れた土地で、故郷を切なく思い出しているのである。

2 **エ**

解説 この短歌は、作者の心の中の、**取り去ることのできない寂《せき》寥《りょう》感や孤独《こどく》感を、さすらいの旅の旅情という形で表現して**いる。その点を理解しよう。

3 **空に吸はれし**

解説 アの短歌は自分の少年時代の思い出とは限らない。イの短歌は我が子を思っているという内容である。また、**ア・イともに比喩《ひゆ》表現が見あたらない**。**はるかな大空に少年の夢を託《たく》そうとしている表現として**、ウの短歌の「空に吸はれし」が適当である。

p.82〜83 **標準問題の答え**

1

問一 初句切れ

問二 (1) D　(2) C

問三 ① イ　② エ　③ ア

問四 ア

解説 **問一** 意味の上で「海恋《こひ》し」のあとに**句点(。)を付けられる。**

問二 (1) Dの短歌は第四句と第五句で**語順が入れかわってい**る。

(2) 鑑賞文《かんしょうぶん》の「激しい命の営み」と「何事もなく時が静かに流れ」の二つのポイントに注意する。

問三「やはらかに」は、「針」と「春雨」の両方にひびいている言葉である。

問四 上《かみ》の句が目の前の風景であり、下《しも》の句が作者のなみなみならぬ決意を表していることに注意しよう。

2

問一 C

問二 B

問三 今年ばかりの

解説

問一 体言止めの短歌は、A・C・F。Aは、初句から結句まで続いており、句切れなし。Cは、「なりにけり」で切れ、三句切れ。Fは、「ささげて咲《さ》けり」で切れ、四句切れ。それぞれ、短歌の流れの大きな切れ目に着目しよう。

問二 設問に「厳しい自然」とあるので、暑さ・寒さ、人間を拒《こば》む地形などに目をつけよう。Bの短歌の「みづうみの氷は解けてなほ寒し」は、春にはなったものの依然《いぜん》厳しい寒さを詠《よ》んでいる。下の句は静寂《せいじゃく》な湖面の描写《びょうしゃ》である。

問三「次の年には再び見ることができない」「過ぎゆく季節」などから、Eの短歌の鑑賞文だとわかる。重病の作者は、春に咲くいちはつの花も今年で見納めだ、来年の春にはもう自分はこの世にいないだろう、と思っている。「今年ばかり」とは「今年限り」という意味である。

定期テスト対策

短歌は、形式・リズム・表現技法の役割・意味を正しく理解したうえで、作者の感動の中心を味わうようにしよう。短い言葉に込《こ》められた意味をよく考えることが必要である。

9 俳句

p.88〜89 **基礎問題の答え**

1 **Aオ・キ 季節 夏 Bウ・ク 季節 秋**

解説

Aの俳句の季語は「万緑《ばんりょく》」で季節は夏、Bの俳句の季語は「すすき」で季節は秋である。以下、ア〜コの季語と季節を整理しておく。

ア＝スケート・冬　イ＝春風・春
ウ＝赤とんぼ・秋　エ＝雪・冬
オ＝五月雨《さみだれ》・夏　カ＝春・春
キ＝滝《たき》・夏　ク＝桐一葉《きりひとは》・秋
ケ＝山笑ふ・春　コ＝木《こ》がらし・冬

ケの「山笑ふ」は、木々が芽ぶき、花も咲《さ》きはじめた春の山の明るい様子を擬人的《ぎじんてき》に表現した季語である。

2

問一 A・E

問二 C・F

問三 アD　イA　ウF　エC

解説

問一 各句ごとの音数を数えていく。A「白牡丹《はくぼたん》と」、E「螇蚸《はたはた》とぶ」が字余りである。

問二 句末が体言（名詞）で終わっているものを見つけよう。

C「牧の木々」、F「春の月」が体言止めである。

問三 **ア**は、秋の俳句をさがし、その中から**近景と遠景**が描《えが》かれているものを選ぶ。**イ**は、「くい入るような目」をヒントに、**対象に極めて接近した視点**から詠《よ》んだ俳句を選ぶ。**ウ**は、「人に呼びかけ命令する声」、**エ**は、「高原地帯の風光」をヒントに選ぶ。

3

問一 イ
問二 木の芽
問三 ア
問四 か
問五 ウ

解説

問一 各句の季語・季節を順に示すと、A＝**木《こ》の芽・春**、B＝**息の白さ・冬**、C＝**青蛙《あをがへる》・夏**、D＝**寒雷《かんらい》・冬**である。

問二 「木の芽」は、春の木の芽を総称していう言葉。芽をふき始めた木々は生命感にあふれ、**春を象徴《しょうちょう》する景物**といえる。

問三 吐《は》く息の白さ、そしてその豊かさは、子供たちにはかなわないことだ、という句意である。

問五 「びりりびりり」は、雷《かみなり》で窓ガラスが震動《しんどう》する音を表した**擬声語《ぎせいご》**である。

p.90〜91 標準問題の答え

1

問一 ①**C** ②**D**
問二 **A 夜寒・秋** **C 残雪・春**
問三 **B かな** **C や**

解説

問一 ①「同じ音の繰《く》り返し」を、Cの俳句の「ごうごうと」と結びつけよう。
②「小動物」は、Dの俳句の「雀《すずめ》ら」を指している。

問二 どちらも注意が必要な季語である。A「夜寒《よさむ》」は、秋の末頃《すえごろ》の夜が寒くなってくるころで**秋の季語**、C「残雪」は、春になっても消えずに残っている雪のことで**春の季語**である。

問三 「かな」「や」は代表的な**切れ字**である。

2

問一 の
問二 ア
問三 ウ
問四 イ
問五 ウ

解説

問一 三回出てくる「の」が、**こころよいリズム感**を与《あた》えている。

問二 **切れ字「や」**が用いられているので、明らかである。

問三 それぞれの選択肢《せんたくし》の中に、特徴《とくちょう》のポイントが二つずつあることに注意しよう。なお、Aの俳句の「**葉桜**」、Bの俳句の「**夕立**」は、いずれも**夏の季語**である。

問四 鑑賞文《かんしょうぶん》を読むと判断できる。「葉桜の風に揺《ゆ》れている様子」を『空さわぐ』ととらえた」とある。
問五 鑑賞文の中の「句はその対比を表立っては言わず」と「俳句という詩形の短小さを心憎《こころにく》いほど生かしている」を手がかりにする。「大自然」と「無力な雀《すずめ》たち」もヒント。

定期テスト対策
俳句はわずか三句十七音の中に作者のさまざまな思いが込《こ》められているので、言葉の表面的な意味だけでなく、その裏に隠《かく》されている内容を正確に理解し、解釈《かいしゃく》する必要がある。季語や切れ字を正しく理解することはもちろんであるが、日ごろから、季節の風物に関心を寄せることも大切である。

p.92～94 実力アップ問題の答え

1 問一 エ
問二 ア・オ
問三 イ
問四 例 先が見えない状況にあっても、理想を見失わずに生きようとする（二十九字）
問五 ア
2 問一 近づきたい思いと、近づきがたい思いと。
問二 ア
問三 ウ
3 問一 春
問二 a
問三 例 （家々の）団らんの温かい様子。

解説
1 **問一** 現代のことばを使っているので**「口語」**、リズムはきまりがないので**「自由詩」**を選ぶ。
問二 「ごとく」は「ように」という意味である。**「～ように」を使った比喩《ひゆ》を直喩《ちょくゆ》という。**また、ここは「その枝、その幹のごとくのびよ」から語順が変わった文だと考えられるので**倒置《とうち》**である。
問三 ——線②の主語は、すぐ前の「大空への思慕《しぼ》」である。「大空に向かってのびたい」という思いから、**ア**の「いらだち」、**ウ**の「不安」、**エ**の「精神を集中させるため」は不適当である。
問四 「『心の中の大樹』を取り巻く環境は……と描《えが》かれている」の一文を参考に考えよう。「夕暗」が**先が見えない状況**を意味し、あとに続く「静かに地上にのばしている」が「しずかにのびて行く」つまり**前向きに生きていくこと**を表していることをふまえてまとめよう。
問五 **イ**は「変化する心情」が、**ウ**は「独立したイメージ」が、**エ**は「写実的」という説明が不適当である。
2 **問一** 鑑賞《かんしょう》文から**「気持ち」が書かれている文を探してみよう。**「近づきたい思い」と「近づきがたい思い」の二つの矛盾《むじゅん》する気持ちが、作者を「ためら」わせているのである。
問二 **「物理的」と対になる言葉**が答えになる。「近づきがたい思い」がヒントになる。
問三 **ア**は「作者の悲しみの深さ」、**イ**は「主をねたむ心情」、

エは「作者の親しさ」が不適当である。

3 **問一** **「菜の花」は春の季語**である。

問二 **「や」が切れ字**なので、「家々や」で切れる。

問三 鑑賞文の「その色（菜の花いろ）は、……温かみを感じさせます。」「その色（菜の花いろ）のなかにあるそれぞれの家庭の団らんが、はっきりとみえてきます。」を手がかりにまとめる。

3章

古典

⑩ 古文（散文）

p.98〜99 重要ポイント確認問題の現代語訳

1
(1) 竹取《たけとり》の翁《おきな》という者がいた。
(2) いろいろなことに使った。
(3) さぬきのみやつこといった。
(4) たいそうかわいらしい様子で座《すわ》っていた。
(5) 天人の身なりをした女が、

2
(1) その山は、見ると、まったく登りようがない。
(2) 金・銀・瑠璃《るり》色の水が、山から流れ出ている。
(3) そこには、色さまざまの玉でできた橋を渡《わた》している。

3
(1) 面と向かって戦う者などいない。
(2) これほどとは思わなかった。
(3) 今日を最後とお思いになったのだろうか、
(4) 家を並べて住まわせた。

4
(1) 「さては大将軍に組み打ちせよと言うのだな。」と心得て、長刀《なぎなた》の柄《え》を短く握《にぎ》って、
(2) これを見て、船から下りて、「この山の名を何というのですか。」と尋《たず》ねる。
(3) 女が、答えて言うことには、「これは、蓬萊《ほうらい》の山である。」と答える。

5
能登殿《のとどの》、ひどく罪を作りなさるな。敵がいるからといってい い敵だろうか。

6
白河《しらかわ》の関《せき》を越《こ》えたいものだと、そぞろ神がとりついて心をそわそわとさせ、道祖神《どうそじん》に招かれて、何も手につかず、

p.100〜101 基礎問題の答え

1
問一 イ
問二 言うまでもなく
問三 蛍
問四 ウ
問五 作品名＝枕草子　作者名＝清少納言

解説
問一 「やうやう」は「ヨーヨー」と読み、「だんだんと・次第に」という意味である。
問二 「さらなり」は古文特有の語である。「言うまでもない」という意味を覚えておこう。
問三 主語を答える問題である。何が光っているのかを考えてみよう。
問四 「をかし」はこの作品の重要語で、「趣《おもむき》がある・風情《ふぜい》がある・興味深い」という意味である。

現代語訳
春は夜明け。だんだんと白くなってゆく空の山に接する辺りが、少し明るくなって、紫《むらさき》がかった雲が細くたなびいているの（がよい）。
夏は夜。月の（出ているころ）は言うまでもなく、闇《やみ》もやはり、蛍《ほたる》が多く飛び交《か》っているの（がよい）。また、ほんの一匹か二匹、ほのかに光って飛んでいくのも趣がある。雨が降るのも風情がある。

2

問一　かようにて

問二　ウ

問三　イ

問四　イ

解説

問二「**おもしろし**」は、現代語の「おもしろい」と少し意味が違《ちが》う。「**興味深い・趣《おもむき》深い**」という意味である。

問三「かぐや姫《ひめ》、月のおもしろう出《い》でたるを見て」とあるように、月を見ているのは「**かぐや姫**」である。

問四　誰《だれ》がどうしたという内容をしっかりとおさえることが大切である。

現代語訳

このように、お心を互《たが》いになぐさめていらっしゃるうちに、三年ばかりたち、春の初めから、かぐや姫《ひめ》は、月が趣がある様子で出ているのを見て、ふだんよりも、もの思いにふける様子である。

お付きの人が、「月の顔を見るのは、不吉なことですよ。」ととめたのだが、ともすれば、(かぐや姫は)人の目につかない間にも、月を見ては、ひどくお泣きになる。

3

問一　(1) **ようなきもの**　(2) **ウ**

問二　(1) **男**　(2) **あづまの方**

解説

問一　(2) 漢字にすると「要無き者」である。

問二　(1) 主語を問う問題。同じ文の初めに「その男」とある。

(2) 会話文中に、「あづまの方《かた》に住むべき国求めに」とある。

現代語訳

昔、男がいた。その男は、自分を不必要なものだと思いこんで、「京にはおるまい、東のほうに住むことができそうな国をさがしに。」と思って(東のほうに)行った。古くから友人である人、一人二人とともに行った。

p.102〜103　標準問題の答え

1

問一　ウ

問二　まいる

問三　ア

問四　ア

問五　ウ

解説

問一「年ごろ」のあとの「思ひつること」が「思っていたこと」の意味であることから考える。「**年ごろ**」は、「**長年の間**」という意味である。

問三　会話文の内容から、会話主が、長年の夢だった石清水《いわしみず》八幡宮《はちまんぐう》への参拝をしようとした人であることがわかる。

問四　**最後の一行が作者の論点**である。「案内者がいればよかったのに」という思いである。

現代語訳

仁和寺《にんなじ》にいる僧《そう》が、年をとるまで石清水八幡宮を参拝しなかったので、残念に思われて、あるとき思い立って、ただ一人で、徒歩で参詣《さんけい》した。(石清水八幡宮は山の上にあるのだが、ふもとにある末社の)極楽寺《ごくらくじ》・高良《こうら》などを拝んで、これだけだと思いこんで帰ってしまった。

そうして、仲間に向かって、「長年の間思っていたことを、果たしました。(石清水八幡宮は)聞いていたのにもまさって、尊くいらっしゃった。それにしても、参拝しているどの人も山へ登ったのは、（山の上に）何事があったのだろうか、（それを）知りたかったけれど、神へ参詣するのが本来の目的だと思って、山までは見ない（で帰ってきました）。」と言った。
少しのことでも、案内者はあってほしいものである。

2

問一　沖に平家、舟を一面に並べて見物す。
問二　(1) イ　(2) 係り＝ぞ　結び＝なき
問三　これを射損
問四　あの扇の真

解説

問一　名詞や動詞それぞれで対応している場所を検討してみよう。「陸《くが》」と「沖」、「源氏」に「平家」などが対応している。

問二　(1) 二重否定の表現で、「たいへんに晴れがましい」というような強い肯定になる。
(2) **係助詞《けい》「ぞ」「なむ」「や」「か」「こそ」**に注意しよう。普通《ふつう》、文末の一語が結びになる。

問三「強い決意」なので、**矢が当たらなかったら自殺すると**書かれている場所を答える。

問四　与一が神々に祈っている部分から「具体的」な部分を答える。

現代語訳　時は二月十八日の午後六時ごろのことであるが、ちょうどそのとき北風が激しく吹《ふ》いて、磯《いそ》に打ち寄せる波も高かった。舟《ふね》は、波が揺《ゆ》すり上げ揺すり下げるまま漂《ただよ》っているので、扇《おうぎ》も竿《さお》に固定せずひらひらとひらめいている。沖では平家が、舟を一面に並べて見学する。陸では源氏が、くつわを並べてこれを見ている。すべてがたいへんに晴れがましい情景である。与一は目を閉じて、「南無八幡大菩薩《なむはちまんだいぼさつ》、わが国の神は、日光《にっこう》の権現《ごんげん》、宇都宮大明《うつのみやだいみょう》神《じん》、那須《なす》の湯泉大明神《ゆぜんだいみょうじん》、どうぞ、あの扇の真ん中を射当てさせてください。これを射そこなうものなら、弓を切り折って自殺して、人に二度と顔を合わすことはできません。もう一度自分の国に迎《むか》えてやろうとお思いでしたら、この矢をはずさせないでください。」と心の中で祈って、目を開いてみると、風も少し弱って、扇も射やすそうになっていた。

定期テスト対策

「古文が苦手」という人はたくさんいると思うが、あくまで日本語なので、きまりをきちんと理解して読めば、おおよその意味はつかめる。歴史的仮名遣《かなづか》い・古語・省略・係り結びなどのほかに、時代背景などを念頭において、あわてずに読み進めていこう。

11 和歌・俳句

p.106〜107 **重要ポイント確認問題**の現代語訳

1

(1) 光ののどかな春の日に、どうして落ち着きなく桜の花が散っているのだろう。
(2) ほととぎすが鳴く五月に咲《さ》く菖蒲草《あやめぐさ》。その「あやめ」ではないが、まったく文目《あやめ》（＝ものの道理）もわからない恋もするものだなあ。
(3) 山が深いので春になったこともわからない庵《いおり》の松の戸に、

とぎれとぎれに落ちかかる美しい雪どけのしずくよ。

(4) 桜の花の色はあせてしまったなあ。長雨が降る間に。
——私の容姿も衰《おとろ》えてしまったなあ。恋《こい》の思いに明け暮れて、もの思いにふけっている間に。

2

(1) あなたの心は(前と同じかどうかは)さあどうだかわからない。(けれども)昔なじみのこの地では、梅の花が昔と同じように美しく咲《さ》きにおっているよ。

(2) 馬をとめて袖《そで》(に降りかかった雪)を払《はら》う物陰《ものかげ》もない。佐《さ》野《の》の辺りの雪の降っている夕暮れよ。

(3) 桜の花をさそって吹《ふ》き散らす比良《ひら》の山おろしの風が吹いた。(湖一面に花びらが散り敷《し》いて)こぎ分けて進む舟《ふね》の跡《あと》が見えるほどに。

(4) 私の命よ、絶えてしまうならば絶えてしまえ。このまま生き長らえたら、耐《た》え忍《しの》ぶ心が弱まると困るから。

3

(1) わびしい住まいも、住み替《か》わる時が来た。(新しい住人は妻や子がある人なのだろう。春の節句に)雛人形《ひなにんぎょう》が飾《かざ》ってあるよ。

(2) (眼前には、日本海の)荒海《あらうみ》が広がり、(そのかなたには)佐渡《さど》が島がある。(夜空を仰《あお》ぎ見ると)佐渡が島のほうへ天の川が大きく横たわっている。

(3) (白く咲いている)卯《う》の花を見ると、白髪《しらが》の兼房《かねふさ》(が主君の義経《よしつね》の最期《さいご》の時に奮戦しているさま)が思いおこされる。(そして、あわれをもよおすことだ。)

(4) (毎年降る)五月雨《さみだれ》も、この光堂には降らなかったのだなあ。(辺りのものがみな朽《く》ちている中で、この光堂だけは今も昔のまま華《はな》やかに輝《かがや》いているよ。)

4

(1) (この辺りは、義経《よしつね》や藤原《ふじわら》氏らの)勇士たちが栄華《えいが》を夢み、それもむなしく夢と消え去った跡《あと》であるが、(今はただ)夏草が生い茂《しげ》っているよ。

(2) (頂に白雪の残る)富士《ふじ》山ひとつだけを埋《う》め残して、(辺りは一面)若葉(の緑色)で覆《おお》われているよ。

(3) 畑で大根《だいこん》をぬいている人に道を尋《たず》ねると、(「そっちだよ」とぬいたばかりの)大根で道を教えてくれた。

p.108～109 基礎問題の答え

1

① ア　② イ　③ ウ　④ オ　⑤ ク　⑥ カ
⑦ キ　⑧ コ　⑨ ス　⑩ タ　⑪ ト　⑫ ソ
⑬ テ　⑭ チ　⑮ ナ

解説 三大和歌集の特色をあげた表である。しっかりと覚えよう。⑩と⑪、⑫と⑬、⑭と⑮は、それぞれ答えの記号が逆でも正解である。

2

問一 係り結び
問二 ける
問三 ア
問四 夏が来たらしい
問五 二句切れ
問六 体言止め

解説 **問一・二** 古文特有の**係り結び**は、そのしくみをしっかりとマスターする必要がある。和歌だけではなく、物語などにも多用されている。

問三 テーマは**富士山の崇高《すうこう》な美しさ**である。作者は、田子《たご》の浦《うら》から見晴らしのいい場所に出て、富士山をながめている。

問五 「来《きた》るらし(=来たらしい。)」と、二句目で歌の内容が切れている。

問六 歌の最後が名詞(体言)で終わるものを**「体言止め」**という。

現代語訳

A 田子の浦を通って、見晴らしのいい場所に出て見ると、富士の高い峰《みね》に真っ白に雪が降っていることだ。

B 春が過ぎて夏が来たらしい。真っ白な衣が干してある天《あめ》の香具山《かぐやま》に。

3

問一 岩に巌

問二 蝉・夏

問三 作者名=松尾芭蕉　時代=江戸時代

解説

問一 「岩に巌《いはほ》を」で始まる文には、山全体の景観や寺院の様子などが描《えが》かれている。

現代語訳

山形藩《はん》の領内に立石寺《りゅうしゃくじ》という山寺がある。慈覚大師《じかくだいし》の創立で、格別に清らかで静かな所である。一度見るほうがよいと、人々が勧《すす》めるので、尾花沢《おばなざわ》から引き返して(山寺へ向かったが)、その間《かん》は七里ほどである。(着いたときは)日はまだ暮れていない。(そこで)ふもとの宿泊所《しゅくはくじょ》に宿を借りておいて、山上の堂に登る。岩の上に大岩が重なって山となっており、松やひのきの類は多くの樹齢《じゅれい》を経て、土や石も年を重ねて苔《こけ》が滑《なめ》らかにおおい、岩の上の諸堂は扉《とびら》を閉ざして物音が聞こえない。がけを回り岩を這《は》うようにして仏堂に詣《もう》でたが、美しい景色が静まりかえっていてただもう心が澄《す》みとおっていくように思われた。(その折の句、)

ああ、静かだなあ。この静けさの中では、鳴く蝉《せみ》の声も辺りの岩にしみ入るように感じられる。(そして、いっそう深い静寂《せいじゃく》が心に迫《せま》ってくる。)

p.110〜111 標準問題の答え

1

問一 エ

問二 ウ

問三 (1) A　(2) C

解説

問一 口語文とは異なり、「ば」は必ずしも仮定の用法ではない。「ば」の上の「遠けれ」が「遠し」の**已然形《いぜんけい》**なので、ここでの「ば」は「〜ので」の意味である。

問三 (1) Aの和歌の「いく」は「行く」と「生野《いくの》」(地名)、「ふみ」は「文《ふみ》」(手紙)と「踏《ふ》み」が、それぞれ**掛詞《かけことば》**となっている。

(2) Cの和歌は第三句「なかりけり」で**大きく意味の流れが切れ**ている。

現代語訳

A 大江《おおえ》山を越え、生野を通って行く道が遠いので、まだ天《あま》の橋立《はしだて》の地を踏んだこともなく、(母からの)手紙も見ていない。

B 今すぐに来ようと(あの人が)言ったばかりに、九月の(夜長を待ち続け、とうとう)有明《ありあけ》の月が出るのを待ち明かしてしまったことだ。

C 見わたすと、花や紅葉《もみじ》（といった美しい趣《おもむき》）がないことだ。海辺の苫《とま》ぶきの小屋での秋の夕暮れは。（しかし、しみじみと寂《さび》しく、あわれ深い情趣《じょうしゅ》が感じられるよ。）

2 **問一 第二句**

問二 ① 風の音（三字） **② 秋は来にけり**（六字）

解説 問一 「こそ……已然形」の係り結びが用いられている。

3 **問一 夏**

問二 イ

問三 C

問四 D

解説 問一 「蠅《はえ》」は夏の季語である。

問二 「まけるな」という言葉に注目する。**「やせ蛙《がえる》」に自分を重ね合わせた作者が、対象とともに自分自身をも励《はげ》ましていると考えよう。**

問三 どの俳句にも生き物が詠《よ》み込《こ》まれているが、Cの俳句だけは、「蛍《ほたる》」に対する思い入れが少ないことを読み取ろう。

問四 Dの俳句は、第二句が八音、結句が七音になっている。

現代語訳 A そら、打つな。蠅《はえ》が手をすり足をすりあわせて（拝んで）いるではないか。

B やせ蛙《がえる》よ、負けるな。この一茶がここに（控《ひか》えて応援《おうえん》して）いるからな。

C 大きな蛍《ほたる》がゆらりゆらりと（光りながら）通っていった。

D 雀《すずめ》の子よ、そこをのけ、そこをのけ。お馬が通るから。

定期テスト対策

和歌・俳句はなかなか読みづらいものだが、枕詞《まくらことば》・序詞《じょことば》・掛詞《かけことば》・季語・切れ字など独特の技法を理解し、きちんと解釈《かいしゃく》できるようにすることが大切である。また、たくさん解釈することで、慣れの効果も期待できるので、面倒《めんどう》くさがらずに、丁寧《ていねい》に学習を進めよう。

⑫ 漢文

5 p.115 **重要ポイント確認問題の現代語訳**

楚《そ》の国の人で盾《たて》と矛《ほこ》とを売る者がいた。（その人がその）盾をほめて言うことには、「わたしの盾の堅《かた》いことといったら、（これを）突《つ》き通すことのできるものはない。」と。またその矛をほめて言うことには、「わたしの矛の鋭《するど》いことといったら、どんなものでも突き通さないことはない。」と。

ある人が言うことには、「あなたの矛で、あなたの盾を突き通したらどうなるか。」と。その人は、答えることができなかった。

p.116～117 **基礎問題の答え**

1 **問一 行ひに利あり**

問二 例 **忠告の言葉**

問三 良薬は口に苦し

解説 問一 「而」と「於」は置き字で書き表さない。

問二 病気に効く薬が苦いように、行いの助けにはなるが耳に痛いものは何かと考える。

問三 「良薬は口に苦し」は、「良い薬が苦くて飲みづらいように、ためになる忠告は聞きづらいものである」という意味のことわざである。

2

問一 七言絶句
問二 楼・州・流
問三 (1) 旧友(昔からの友人)　(2) 孟浩然
問四 下ル二揚 州一
問五 孤帆の遠影碧空に尽き
問六 起承転結
問七 イ

解説

問一 漢詩は、「**絶句**《ぜっく》」(四句)と「**律詩**《りっし》」(八句)の二種類を覚えておこう。それぞれに一句(一行)が五言《ごごん》(五字)のものと七言《しちごん》(七字)のものとがある。
問二 七言絶句では、初句《しょく》**の末と偶数句(二句と四句)の末に、押韻**《おういん》**がある。**
問三 (1) 「**故人**《こじん》」とは、一般的には「すでに亡くなった人」をいうが、漢文では「**旧友**」「**昔からの友人**」をいうことが多いので覚えておこう。
(2) この詩での「故人」は、揚州《ようしゅう》に下っていく孟浩然《もうこうねん》を指している。
問四 「揚州《ようしゅう》に下《くだ》る」と読むので、**一、二点**を用いる。
問五 漢字仮名まじりの書き下し文を実際に読むと、〈こはんのえんえいへきくうにつき〉となる。
問六 漢詩の構成は、四段構成の文章を書く場合の参考にされる。「**起**」は詩の始まり、「**承**」はそれを受けつぎ、「**転**」は変化をもたせ、「**結**」は全体のまとめとなる。
問七 アは、「道々の情景を思いやる」が漢詩の内容と合っていない。**ウ**は、すでに別れが済んでいるから不適当である。**エ**は、漢詩に友を勇気づける語句がないので合わない。

現代語訳

旧友(の孟浩然《もうこうねん》)は、西にあるこの黄鶴楼《こうかくろう》に別れを告げて、春がすみの立ちこめる三月に、揚州《ようしゅう》へ(舟《ふね》で)下ってゆく。(広い長江《ちょうこう》[=揚子江《ようすこう》]の流れに)ぽつんと一つ浮かぶ帆《ほ》の影《かげ》がだんだん遠ざかり、(やがて)青空のかなたに消え、(あとには)ただ見えるだけだ、長江が天の果てまで流れていくのが。

3

問一 有リ二耕スレ田ヲ者一
問二 ウ
問三 イ
問四 ウ

解説

問一 「田を耕す」は、**一字返るのでレ点**である。その語句**を中にはさんで**「者有り」**と返るには、一、二点が用いられる。**
問二 前に、うさぎがぶつかってやすやすと得た体験から、またうさぎが得られるのではないかと思って株を**見張って**いるのである。
問三 「**冀**《こひねが》**ふ**」は「**望んだ**」「**強く願った**」という意味である。
問四 田を耕すことを止めて努力せずに利益を得ようとした

ことが、結局は失敗のもとになった、という話の結末から考えよう。

現代語訳 宋《そう》の国の人で畑を耕す人がいた。畑の中に切り株があって、うさぎが走ってきて切り株にぶつかって、首を折って死んだ。そこで（男は）すきを捨てて切り株を見張り、ふたたびうさぎを手に入れたいと望んだ。うさぎはふたたびつかまえることができなくて、（男）自身は宋国中の笑い者となった。

p.118〜119 標準問題の答え

1

問一 イ

問二 どうでしょうか

問三 イ

解説 **問一** そのまま訳すと、「五十歩逃げた者が百歩逃げた者を笑ったなら」である。より多く逃げた相手を「**臆病**《おくびょう》」だと**笑ったのである**。

問二 「何如《いかん》」とは、「**どうか？**」の意味である。

問三 **ア**は「まったく同じで」の部分が違う。また、「大きな違いがある」という部分が合わないので、**ウ**も不適当である。

2

問一 a 下　b 二　c 一　d 上

問二 なんと楽しいことではないか。

問三 エ

解説 **問一** 書き下し文を参考にしながら返り点をつけていく。読む順番は、「**朋**」→「**遠方**」→「**自**」→「**来**」→「**有**」である。

問二 「不㆓亦〜㆒乎」は、「**また〜ずや**」と訓読し、「**なんと〜ではないか。**」という意味になる。

問三 「君子（＝徳の高いりっぱな人物）」と「徳」が話題となっているので、「家柄」「財力」「年齢《ねんれい》」は不適当である。

現代語訳 先生がおっしゃるには、「学問をしては機会があるたびに復習する、なんとうれしいことではないか。（同じ学問を志す）友人で遠くから訪ねてくる人がいる、なんと楽しいことではないか。人々が認めてくれなくても不満を抱《いだ》かない、なんと徳の高いりっぱな人物ではないか。」と。

3

問一 A 陽関　B 安西　C 渭城

問二 (1) イ　(2) エ

解説 **問一** 漢詩の題名に注意しよう。作者は**唐**《とう》**の時代の詩人王**《おう》維《い》ですが、知人の元二《げんじ》が使者となり遠い陽関《ようかん》という関所を越え安西《あんせい》まで旅立つのを見送った時の七言絶句《しちごんぜっく》である。

問二 渭城《いじょう》の町の旅館でひと晩別れを惜しんだ二人である。

(1) 前半の一、二句は、**翌朝の雨にぬれた柳**《やなぎ》**の葉が鮮やかな情景**を読んでいるところから**イ**になる。

(2) 後半の三、四句は、別れの寂《さび》しさもあるであろうが、それよりも**友の長旅の大変さを思いやって励**《はげ》**ましている点**に作品の主題がある。

現代語訳 渭城《いじょう》（の町）の朝の雨が、軽く舞《ま》い上がる砂ぼこりを潤《うるお》している。

旅館の(前にある)柳《やなぎ》の葉は青々としていて鮮《あざ》やかである。君に勧《すす》めよう、もう一杯《いっぱい》酒を飲んでくれ。西の方《かた》、陽関《ようかん》(の関所)を出てしまったら、昔からの友人はいないだろうから。

定期テスト対策

漢文は、返り点・送り仮名のきまりを習得し、再読《さいどく》文字などの独特な用字の理解があれば、基本的な問題には十分である。漢詩も、形式についての理解があれば同様である。あとは、それぞれ個別的な内容になるが、必ず鑑賞文《かんしょうぶん》や注などにヒントがあるので、見落とさないようにしよう。

p.120〜121 実力アップ問題の答え

1
問一 X あいたる　Y わずらう
問二 エ
問三 (1) イ
(2) 例 空から降ってくる雪を、風に舞《ま》う花びらに見立てている。

2
問一 在リテ二道　辺ニ一
問二 子(李)
問三 ア
問四 例 実が多く残っている

1 **解説**

問二 公任《きんとう》が清少納言《せいしょうなごん》に、和歌の下《しも》の句「少し春ある……」と書いた懐紙《かいし》を送ったのに対して、清少納言が上《かみ》の句「空さえて……」とつけて送り返している。

問三(1) **「いかが」**には、**「どのように」と「どうして」の二つの意味**があるが、ここでは、清少納言はどのように歌を完成させようかと悩《なや》んでいるので、**イ**になる。

(2) 「まがふ」とは「区別できないほどよく似ている」という意味で、**降る雪を散る花びらに見立てている。**

現代語訳 今となっては昔のことであるが、二月の末日に、風がさっと吹《ふ》き、雪がちらつくころ、(藤原)公任が、(彼を)宰相《さいしょう》の中将と人々がお呼びしていた時に、清少納言のもとに懐紙に書いて、

少し春めいてきた感じがすることだ

とあった。「本当に今日の様子にたいへんよくあった句だけれども、どのように上の句をつければよいのだろう」と(清少納言は)悩む。

空が寒々として桜の花びらに間違《まちが》えるように散る雪に

と見事に書いた。(公任は)たいそうおほめになった。

2

問二 漢文だが、**指示語の読み取り方は現代文と同じ**である。「子《し》(=すもの実)多くして……」を見て、子どもたちが走って取ったものは何かを考えよう。

問三 直前に「人之《これ》を問へば」とあるので、誰《だれ》に何をたずねたのかを考えよう。ここの「之」は「王戎《おうじゅう》がすももを取らなかったこと」である。

問四 王戎は、道ばたにあるのだから、もしおいしいすもだったならばとっくに取られて残っていないだろうと考えたわけである。

現代語訳

王戎が、七歳のとき、かつて子供たちと遊んでいると、道ばたのすももの木に、実が多くて枝が折れそうになっているのを見つけた。子供たちは競い合って走ってこれを取ったが、ただ王戎だけは動かなかった。ある人がこのことをたずねると、(王戎が)答えていうには、「すももの木が、道ばたにあって(残っている)実が多い。これは絶対に苦い実だろう。」と。これを取ってみると果たしてそのとおりであった。

p.122〜124 第1回 模擬テストの答え

1
問一 エ
問二 機械に使われている(こと。)
問三 ア
問四 例 今は貧しい身であっても、将来に夢や希望を持って生きている姿。（三十字）
問五 A 今の世に生きている人間の生き様
B 人間だからできること

解説

1 **問一** 「清助は座り直した。」のすぐ後に、「おみつとおたかの話が、意外と深い真実性を含《ふく》んでいるような気がしたからだ。」とあるので、**清助が真剣に二人の話を聞こうとしている**のだとわかる。

問二 ——線②の内容は、すぐ前の部分の「全体の束ねをしているのは機械で、人間ではありません。」ということを述べている。**織物の仕事が機械が中心になってしまって、その機械に人間が合わせるようになっている**という内容で「……こと。」につながる九字の言葉を探してぬき出す。

問三 清助の心の状態を表現している部分を探そう。③は、おみつとおたかの「わたしたちは、もし自分がこの織物を着物に仕立てたら、ということをまず考えます。」という言葉に対して、清助が**「呆れて」いる**。④は、おみつとおたかが「自分たちがこの工場で作る織物を着たら？ という気持ち」を持っていることに**「バカバカしい」と言って笑っている**。そうすると、**イ**「心もとない」、**ウ**「ふにおちない」「たわむれ」、**エ**「胸を打たれている」「からかい」が、「呆《あき》れて」「バカバカしい」という気持ちと合わないので不適当である。

問四 「……であっても」という部分には現在の境遇《きょうぐう》の「貧乏《びんぼう》で、安いお給金で働いている」という内容が入り、「……生きている姿」の部分には「いつかは、このお店で作られる織物を買って、きれいな着物に仕立てて着てみたいという気持ち」という内容を記せばよい。それを制限の文字数の九割以上でまとめる。

問五 清助の今までの考え方とおみつとおたかの考え方の違《ちが》いを見きわめよう。**それぞれの考え方の部分を探し出し、その中で、特定の字数にあてはまる部分をぬき出せばよい。**おみつとおたかの「お客様の気持ちに立って織物を考えている」は十字以上になるので、その結論の部分を取る。

p.125〜127　第2回　模擬テストの答え

1
問一　ア
問二　鼻先にぶら下げられた人参を追う馬
問三　命そのものがもつ輝き
問四　例　足るを知ることによって、自分の性格や能力に応じた目標を定め、今の自分にできる努力を正しい方向に積み重ねていくことができるようになる（から。）（六十五字）

2
問一　エ
問二　ア
問三　立ち居起き臥し
問四　例　本当にすぐれた歌を作ること。（十四字）

解説

1
問一　□　の前後の文章の内容をよく読んで、どのような関係で結ばれているかをつかもう。ここでは「外に求め、人に求めるほど……自分が自分の主人ではなくなってしま」うから「求めすぎる頭に自分自身でストップをかける。」という順接の関係になっているので、**ア**の「だから」が正解である。

問二「比喩《ひゆ》を用いて表現した部分」と「十六字」という字数がヒント。「自分の外側にあるものに振りまわされる」状態が具体的に書かれているのは、「これがあれば幸せになれると言われているものや、……」から始まる段落である。そこから見つけよう。

問三　――線②の次の段落に、「思い切ってやめてみる」ように努めるとどうなるかが書かれている。「そうしているうちに、財産や地位とは無関係の、命そのものがもつ輝《かがや》きに目が向きはじめる。」という結果が書かれた一文から十字をぬき出せばよい。

問四「知足」がなぜ必要なのかは、――線③のあとの「一方、今の自分がもっているものに満足し、自分を肯定《こうてい》できる人は、……」から始まる段落で述べられている。その結果どうになるかという「それゆえ、」以下の部分の文章を参考にして、「足るを知ること」と「目標」という二つの言葉を使って制限字数内でまとめよう。

2
問一　形容詞「いみじ」は「**程度が普通《ふつう》でないさま（はなはだしい、なみなみでない）**」という意味である。望ましい場合には「**すぐれている。すばらしい。りっぱだ。**」などの意味になり、望ましくない場合には「**ひどい。たいへんだ。おそろしい。**」などの意味になる。ここでは頼政卿《よりまさきょう》を賞賛しているので、**エ**の「すばらしい歌の名人」になる。

問二　□　のあとの文を読むと、鳥、風、花など、いつも「風情《ふぜい》をめぐらさずといふ事なし。」とあるので、「常に」が適切である。

問三「立ち居」は「立つことと座ること」で、日常の動作をいう。「起き臥《ふ》し」は「起きたり寝たりすること」で、毎日の生活を意味するので、「日常のふるまいや生活」を表す七文字は、これにあたる。

問四「理《ことわり》とぞ覚え侍《はべ》りし（＝もっともなことだと思いました）」とは、その前に「真《まこと》に秀歌《しゅうか》の出《い》で来る」を指しているので、それを現代の言葉でまとめよう。

現代語訳　頼政卿《よりまさきょう》はすばらしい歌の名人である。心の底まで歌そのものになりきって、いつも歌のことを忘れず心にかけて、鳥が一声鳴き、風がゆるやかに吹《ふ》く時にも、まして桜が散り、葉が落ち、月が出たり入ったり、雨や、雪などが降るにつけても、居ても立っても起きても寝ても、風流の味わいを思わないということはない。（それだから）本当にすぐれた歌を作るのも、もっともなことだと思いました。